おうちごはんの神

森シェフ

毎日の料理を
感動レベルに変えちゃう
プロのコツ

JN048499

KADOKAWA

はじめに

こんにちは、料理人歴15年の森シェフです。
洋食やイタリアン、ビストロや和食など、さまざまなジャンルのお店で経験を積み、4店舗の統括料理長を務めたのち、現在は「おうちで作るプロの味」をテーマに、YouTubeやインスタグラムなどでオリジナルレシピを発信しています。

コロナ禍でお店のクローズが続く中、何気なく始めたYouTubeでしたが、プロの料理人として培ってきた知識と技を、家庭料理に生かせるようにとオリジナルレシピを紹介してみると、「今まで作った中で一番おいしくできました！」「本当においしくて何回も作っています！」「料理にハマるきっかけになりました！」など、うれしいコメントが届くようになりました。

最近の家庭料理は手間なく簡単に作れることを最優先にする傾向にありますが、私のレシピでは、むしろ端折られていた部分に〝プロの神テク〟を詰め込んでいます。ですから、材料や手順はちょっと多め。でも、そこにこそおうちごはんをお店レベルに格上げするコツがあるのです。
「何十年も作っているのにしっくりこなかった」「いろんなレシピを試したのに上手く作れなかった」「家で作るのはあきらめた」……、本書ではそんなレシピ迷子になっていた料理の完全攻略を目指して、家庭で使えるプロのちょい技を余すことなく紹介しています。
これまでSNSで公開してきたレシピを、よりおいしく作れるように見直して、材料や作り方をブラッシュアップ。さらにオリジナルの新レシピを加えた全61品。全て今作ってほしい自慢のレシピなので、ぜひお試しください。
皆さんの食卓においしい笑顔をお届けできたら幸せです。

森シェフ

CONTENTS

PROLOGUE

自慢の人気レシピをピックアップ！

おうちごはんベスト神レシピ

PART 1

肉、魚介のガッツリ系をプロの味に

メインのおかず

PART 2

ふたつの絶品ソースで洋食屋の味を再現

自家製神ソースのおうちごはん

PART 3

パスタからどんぶりまで大満足のワンディッシュ

パスタ、ご飯もの

PART 4

ちょこっとおかずやスープ、おつまみも手軽においしい

副菜、おつまみ

本書のレシピについて

□計量単位は、大さじ1＝15㎖、小さじ1＝5㎖、1㎖＝1ccです。

□レシピ上、野菜を洗う、皮をむくなどの通常の下ごしらえは省略しています。特に表示の
　ない限り、その作業をしてから調理に入ってください。

□基本の調味料は、p.11の❹のものを使っていますが、お手持ちのものをご使用ください。
　材料にある「きび砂糖」は、ほかの砂糖でもOKです。

□加熱調理はガスコンロを基準にしています。火加減や加熱時間は様子を見ながら調整して
　ください。

□電子レンジの加熱時間は600Wの場合の目安です。

□オーブントースターは1000Wのものを基準にしています。

□保存期間は目安です。

Staff 撮影　　　　　三村健二
　　　　スタイリング　来住昌美
　　　　デザイン　　　細山田光宣、鈴木あづさ(細山田デザイン事務所)
　　　　編集協力・文　岩越千帆
　　　　DTP　　　　　秋本さやか(アーティザンカンパニー)
　　　　校正　　　　　麦秋アートセンター
　　　　撮影協力　　　藤岡 操
　　　　編集　　　　　馬庭あい(KADOKAWA)

森シェフ流 神レシピのコツ

01
こんがりとした焼き色は旨みの素になる

皮をパリッと焼いた鶏肉やこんがり焼いたハンバーグなど、香ばしい料理っておいしいですよね。グリル料理に限らず、炒め物や煮物でも食材を焼きつけた焼き色は、だしのように旨みの素になります。本書のレシピにも「焼き色がつくまで」とたびたび出てくるので、褐色になるまでしっかり焼いてください。表面を焼きかためるので旨みを閉じ込める効果も得られます。

02
コツコツ加熱で食材の持ち味を引き出す

複数の食材を炒め物や煮物にする場合は、野菜ならかたい順に加えてコツコツと加熱し、それぞれの旨みを十分に引き出して仕上がりを揃えます。また、肉や魚介は加熱しすぎるとパサパサになってしまうため、火を通したら一度取り出してほかの食材を調理してから最後に合わせると格段においしくなります。少し手間はかかりますが、一度レシピ通りに作ってみてください。

お客さんに最高の料理を提供するために取り入れていたコツを伝授。
習慣にするとあなたにもおうちごはんの神が降臨します！

03
食材の旨みを利用して
味や香りに深みを出す

食材を組み合わせて作る料理の利点は、それぞ
れの旨みや風味を全ての食材にまとわせ、その相
乗効果で味の層を生み出せること。例えば、鶏肉
のグリルに添えるじゃがいものソテーは、肉から
出た脂でじゃがいもを焼くと味わい深くなり、ポ
テトフライはにんにくやハーブと一緒に揚げるだ
けで風味が増してお店の味になります。いろんな
料理に応用できるので、ぜひお試しください。

04
「塩少々」で味や食感が
劇的に変わる

仕上がりを左右する塩のタイミングは主に3回。
1回目は下ごしらえで、下味のほかに野菜は脱水
や下ゆで、肉や魚は塩で旨みを凝縮させ臭みを消
すなどして、素材の持ち味を引き出します。2回
目は調理途中。調味以外に食材を加えるたびにふ
る塩は、食材が持つ水分や旨みを引き出すととも
に、火を通りやすくする役目も。そして3回目は
仕上げ。味をみて好みの味に調節します。

森シェフ流 神レシピのコツ

☆ 05 ☆
余熱を上手に利用して
ベストな仕上がりを目指す

生焼けや生煮えを防ごうと火を通しすぎてしまう
と、食材の水分が必要以上に抜けて残念な仕上
がりに。火を入れた料理は、盛りつけや食べるま
での間にも余熱で火が通るので、まずはレシピ
の加熱時間を目安に作ってみてください。野菜漬
けや煮卵は、熱々の漬け汁に漬けることで冷める
間に中まで味がしっかり浸透します。余熱を上手
く利用すると格段においしく仕上がりますよ。

☆ 06 ☆
ちょっとした下ごしらえが
おいしさを左右する

お店で提供する料理ではていねいな下ごしらえは
欠かせませんが、家庭ではできる範囲で大丈夫。
要は素材に適した処理を行えばいいのです。例え
ば、生で使う野菜の水分を抜いておくと味が決ま
りやすかったり、豆腐を下ゆですると水分が出に
くくなって味つけしやすくなったりします。ちょ
っとした手間で味だけでなく舌触りや香りも変わ
るので、ポイントを押さえて行ってください。

07

調味料や香味野菜を組み合わせて
お店のような味の層を作る

お店の味を再現できるように、調味料にもひと工夫して生まれたのが本書のレシピです。まず、味のベースににんにくとしょうがを使って骨格を作り、お店のような奥深い味を作るために、ウスタ ーソースやケチャップなど市販の調味料を用いて足りない味を補強しています。少し材料が多く感じるかもしれませんが、身近な食材でお店の味にできるので気軽に作ってみてくださいね。

❶市販の調味料で下味をひと工夫。左から、浅漬けの素と昆布茶は肉や魚の下味に使うと安価な食材でも劇的においしくなる。ウスターソースとケチャップは肉料理の下味や煮込み料理の隠し味に。
❷味に奥行きを生むのがこちら。下味や味つけに欠かせないしょうがとにんにくは、風味を強く出したいときは生のものを、臭み消しや味のベースにするときはチューブのものをと使い分け。りんごはすりおろしてタレやバッター液に使用。コクが増すバターは食塩不使用が基本。長ねぎは白い部分は風味づけに、青い部分は臭み消しに万能。

❸パン粉は2種類を使い分け、サクサクとしたしっかりめの衣には生パン粉を、カリッとした薄づけの衣には細かいものを使うのがおすすめ。
❹愛用の調味料はこちら。左から、少し足すだけでお店の味になるペルシュロン 白ワインビネガー。仕上げに欠かせないバルベーラ ロレンツォ No.5 エキストラ・ヴァージン・オリーブオイル。和食にコクを出す角谷文治郎商店 三州三河みりん。塩はマルドン シーソルトと味の素 瀬戸のほんじお 焼き塩を使い分け。粗びき黒こしょうはホールをひいて風味よく。

基本の道具

❶ブラウン マルチクイックハンドブレンダー ソースやタレ、スープなど、材料を撹拌するときに活躍。❷Todai クレーバートング 全長24cm 先端が細くて菜箸のようにも使え、食材をつまんだりパスタを盛りつけたり、繊細な作業にも。❸アサヒクッキンカット ゴムまな板 刃あたりがやわらかく、安定感抜群で切りやすい。❹イセル ターナー ラウンド 肉や魚を焼きつけたり返したりするときに便利。❺ツヴィリング プロ クッキングスプーン シリコン製で炒め物などの加熱調理にも。❻ツヴィリング ボブ・クレーマーメイジ シェフナイフ160mm 抜群の切れ味で、研ぎながら長く愛用できる。

❼工房アイザワ サラダミックスボール 底が平らな縦長タイプ。混ぜやすくタレなどの飛び散りも軽減。❽BALLARINI ローマフライパン 26cm グラニチウムコーティングで熱伝導がよく、肉も野菜も香ばしく焼ける。❾KIPROSTAR業務用アルミフライパン 20cm オムライスやちょっとした炒め物に。❿BALLARINI フェラーラ サービングパン 24cm 焼く・煮る・ゆでる・揚げるなど幅広い調理が可能。

自慢の人気レシピをピックアップ！

おうちごはん
ベスト神レシピ

まずはSNSで特に反響が大きかったレシピから。
唐揚げやハンバーグ、しょうが焼きなど、
皆さんが何度も作っている王道メニューが
プロの技をちょこっと加えるだけでお店レベルに！
過去イチおいしく作れますよ！

鶏もも肉の ジューシー唐揚げ

片栗粉をつけた鶏肉を卵白にくぐらせてから揚げる、
新発想のカラッと衣で肉汁を閉じ込めます。
冷めてもおいしいのでお弁当にもおすすめですよ。

材料（2人分）

鶏もも肉…1枚(300g)
A｜酒…大さじ2
　｜しょうゆ…大さじ2
　｜おろしにんにく…小さじ½
　｜おろししょうが…小さじ½
　｜昆布茶…小さじ½
　｜こしょう…少々
　｜一味唐辛子…少々
片栗粉…適量
卵白(しっかりほぐす)…2個分
揚げ油…適量
粗びき黒こしょう…少々
レモン(くし形切り)…¼個分

作り方

1　鶏もも肉は軟骨や筋を取り除き、ひと口大に切る。

2　ボウルに1とAを入れてしっかりもみ込み、30分ほどおく()。

3　フライパンに揚げ油を180℃に熱し、2の鶏肉を片栗粉をまぶしてから卵白にくぐらせて(ｂ)油に入れる。衣がカラッとするまで6分ほど揚げて取り出し、油をきって粗びき黒こしょうをふる。

4　器に盛り、レモンを添える。

神
POINT!

昆布茶で旨みアップ！
下味に昆布茶を入れてしっかりもみ込んで漬けると、昆布のだしがしみ込んで肉も肉汁も旨みが倍増。

卵白で肉汁を閉じ込める！
片栗粉をまぶしてから卵白にくぐらせてコーティングすると、2度揚げしなくてもカリッ＆ジューシーに。

肉汁じゅわ〜

肉汁溢れるハンバーグ

下味のウスターソースとケチャップでお店の味に。
パンパンに膨れたまん丸バーグにナイフを入れると
肉汁がじゅわ──っ！　マジうまです！

材料（2人分）

合いびき肉…300ｇ
焼き麩(細かく砕く)…10ｇ
牛乳…大さじ2
A｜塩…3ｇ(ひき肉の重量の1％)
　｜ウスターソース…小さじ1
　｜ケチャップ…小さじ1
B｜溶き卵…½個分
　｜粗びき黒こしょう…1ｇ
　｜ナツメグ…1ｇ
玉ねぎ(みじん切り)…¼個分
オリーブオイル…大さじ1
〈ソース〉
　｜赤ワイン…大さじ1
　｜ウスターソース…大さじ2
　｜ケチャップ…大さじ2
　｜水…40㎖
　｜食塩不使用バター…10ｇ
クレソン…適量

作り方

1 焼き麩は牛乳に浸してやわらかくしておく。

2 ボウルに合いびき肉とＡを入れて粘りが出るまでこねる。

3 ＢとＩ、玉ねぎを加えてさらにこねたら()、ラップをかけて冷蔵庫で30分ほど休ませる。

4 3を2等分にして、空気を抜きながら丸く成形する(ⓑ)。

5 フライパンにオリーブオイルを中火で熱し、4を並べ入れて両面に焼き色をつける。水大さじ2(分量外)を回し入れてフタをし、弱火で14分ほど蒸し焼きにする。竹串を刺し、中まで火が通ったら取り出す。

6 ソースを作る。同じフライパンに赤ワインを入れて中火にかける。底についた旨みをこそげ取りながら混ぜ、ソースの残りの材料を加えてとろみがつくまで2分ほど煮詰める。

7 器に5を盛りつけてクレソンを添え、6をかける。

神
POINT!

焼き麩で肉汁を封印
肉だねに保水力のある麩を練り込むことで、焼いているときに肉汁が流れ出るのを防ぐことができる。

丸く成形してふっくら！
ひび割れしないようにしっかりこねて蒸し焼きにすれば、平らにしなくても中まできちんと火が通る。

肉汁が溢れ出る！

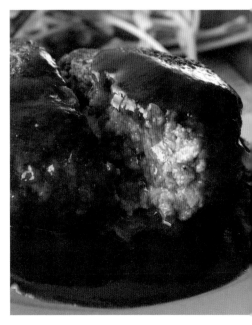

本格バターチキンカレー

市販のルゥを使わずに簡単に作れるレシピで
SNSのフォロワーさんにも大好評！
おうちで専門店並みの絶品カレーが再現できます。

材料（3〜4人分）

鶏もも肉… 1枚（300g）

玉ねぎ… 1個

A │ プレーンヨーグルト…100g
　 │ 塩… 3g（鶏肉の重量の1%）
　 │ 粗びき黒こしょう… 1g
　 │ おろしにんにく、おろししょうが
　 │ 　…各 少々

食塩不使用バター…50g

塩…少々

B │ おろしにんにく…15g
　 │ おろししょうが…15g

C │ クミンパウダー…小さじ2
　 │ カレーパウダー…大さじ1

あらごしトマト… 1パック（400g）

D │ 生クリーム…100mℓ
　 │ はちみつ…小さじ2
　 │ 食塩不使用バター… 30g

温かいご飯…適量

作り方

1　鶏もも肉は軟骨や筋を取り除き、ひと口大に切る。玉ねぎは縦半分に切ってから横薄切りにする。

2　ボウルに1の鶏肉とAを入れてよく混ぜ合わせ（ⓐ）、ラップをかけて冷蔵庫に1時間ほどおく。

3　フライパンにバターを入れて中火で溶かし、1の玉ねぎを入れて塩をふる。ざっと混ぜてフタをし、10分ほど蒸し焼きにする。

4　Bを加えて弱火にし（ⓑ）、香りが出るまで炒めたらCを加えてなじませる（ⓒ）。

5　2を漬け汁ごと加え、鶏肉に火が通るまで5分ほど炒める。

6　あらごしトマトを加えて10分ほど煮込み、Dを加えて5分ほど煮込む。

7　器にご飯を盛り、6をかける。

POINT!

ヨーグルトに漬けてしっとり！

タンドリーチキンのように鶏肉をヨーグルトに漬け込みながら下味をつけると、驚くほどやわらかくなる。

スパイス類をじっくり炒める

にんにくやしょうが、スパイスを加えるたびに、香りが立つまでていねいに炒めることで、より本格的な味になる。

ご飯に合う最強煮卵

半熟のベストなゆで時間で黄身がとろっとろ〜。
甘辛の漬けダレをご飯にかけると最高です！
余ったら野菜炒めに使ったり唐揚げにかけても。

材料（作りやすい分量）

卵（室温に戻す）…10個
酢…大さじ 2
〈漬けダレ〉
　　　長ねぎ（みじん切り）…½本分
　　　おろしにんにく…小さじ½
　　　おろししょうが…小さじ½
　　　豆板醬…小さじ½
　　　みりん…100㎖
　　　しょうゆ…80㎖
　　　水…200㎖
　　　めんつゆ（2倍濃縮）…大さじ1
　　　きび砂糖…大さじ1
　　　ごま油…大さじ1
　　　白いりごま…大さじ1

作り方

1 大きい鍋に湯1ℓを沸かして酢を入れ、卵を静かに加える（ⓐ）。中火で混ぜながら6分30秒ゆで、冷水（氷水）に浸けてから殻をむき、保存容器に入れる。

2 漬けダレを作る。フライパンにごま油を中火で熱し、長ねぎ、おろしにんにく、おろししょうが、豆板醬を入れて弱火で炒めて香りを出す（ⓑ）。

3 みりん、しょうゆ、水、めんつゆ、きび砂糖を加えて沸騰したら火を止めて白ごまを加える。

4 3が熱いうちに1に注ぎ入れ（ⓒ）、1時間ほど漬ければ食べられる。冷蔵で3〜4日保存可能。卵を食べきって残った漬けダレは、鍋で沸騰させて再利用可能。

漬けるだけでおいしい！

神
POINT!

沸いた湯に6分30秒でとろとろ
室温に戻した卵を沸騰した湯に入れて6分30秒で黄身がとろ〜り。酢を入れると殻がつるっとむける。

香味野菜を炒めて香りを出す
長ねぎとにんにく、しょうが、さらに豆板醬をしっかり炒めて香りと旨みを引き出すと絶品ダレに。

熱々の漬けダレに漬ける
沸騰させた漬けダレをそのまま注いで1時間おく。冷める間に味がしっかり入るので短時間で食べ頃に。

コクうまダレの豚のしょうが焼き

すりおろしたりんごをタレに加えるだけで
いつものしょうが焼きがまろやかな味わいに。
肉をやわらかくする効果もあるのでお試しください。

材料（2人分）

豚バラ薄切り肉…300g
玉ねぎ（5mm幅のくし形切り）…1個分
塩、こしょう…各少々
〈タレ〉
    酒…20㎖
    みりん…25㎖
    しょうゆ…25㎖
    りんご（皮をむいてざく切り）
        …⅙個分
    しょうが…10g
    にんにく…½かけ
サラダ油…小さじ2
キャベツ（千切り）…適量
白いりごま…少々

作り方

1 豚バラ肉は食べやすい大きさに切り、塩、こしょうをふる。

2 タレの材料をブレンダー、またはミキサーで攪拌する（**ⓐ**）。

3 フライパンにサラダ油を中火で熱し、1を入れて3分ほど炒め、火が通ったら一度取り出す（**ⓑ**）。

4 同じフライパンに玉ねぎを入れて炒め、しんなりしたら3を戻し入れて2を加える。1分ほど煮詰めて全体に味をなじませる。

5 器にキャベツと4を盛りつけて白ごまをふり、好みでマヨネーズ（分量外）を添える。

神 POINT!

りんごとにんにくでお店の味に！
りんごのフルーティーな甘みとにんにくの食欲をそそる香りと旨みで、豚肉が格段においしくなる。

豚肉は焼いて一度取り出す
豚肉と玉ねぎを別々に炒めて最後に合わせることで、肉のパサつきを防いでしっとりやわらかく仕上げる。

箸が止まらない野菜漬け

だしをきかせた漬けダレがご飯と相性抜群です。
長いもやにんじん、キャベツを入れても！

材料（作りやすい分量）

きゅうり… 1本	〈漬けダレ〉
大根… 1/6本	水… 300mℓ
セロリ… 1本	白だし… 100mℓ
みょうが… 3個	酢… 大さじ1
赤パプリカ… 1/2個	しょうゆ… 大さじ2
	塩昆布… 10g
	きび砂糖… 小さじ2

作り方

1 きゅうりは縦半分に切ってスプーンで種を取り、ひと口大にポキポキと折る。大根は1cm幅の棒状に切り、セロリはピーラーで皮をむいて斜め薄切りにする。みょうがは縦4等分に、パプリカは種を取ってひと口に切る。

2 鍋に漬けダレの材料を入れて沸騰させる（ⓐ）。

3 大きめの保存容器（容量1200mℓ以上）に1を入れ、2を熱いうちに注ぎ入れる（ⓑ）。粗熱を取って冷蔵庫に1日おく。漬けダレに浸かった状態で冷蔵で1週間保存可能。残った漬けダレは再度沸騰させて再利用可能。

塩昆布で旨みアップ！

塩昆布の旨みが野菜にも浸透して普通の浅漬けより奥深い味に。

余熱でしっかりと味が入る

熱々の漬けダレに野菜を漬けると冷める間にしっかり味が入る。

PART 1

肉、魚介のガッツリ系をプロの味に

メインのおかず

これまでお店で提供してきた料理を
家庭でもおいしく作れるオリジナルレシピに。
鶏肉、豚肉、ひき肉、牛肉、その他、魚介系の食材別に
炒め物から揚げ物、煮込み料理まで盛り込んだ
今日の晩ごはんに役立つラインナップでお届けします！

ハマる
悪魔風チキン

マヨネーズベースの濃厚ソースに
チーズ入りのサクサクパン粉をオン！
一度食べたらとりこになる悪魔的なおいしさです。

材料（2人分）

鶏もも肉… 1枚(300g)
塩、こしょう…各少々
じゃがいも… 1個
A｜パン粉…大さじ2
　｜粉チーズ…小さじ1
　｜パセリ(みじん切り)…小さじ1
オリーブオイル…小さじ2
〈ソース〉
　｜マヨネーズ…大さじ1
　｜粒マスタード…小さじ1
　｜はちみつ…小さじ1

作り方

1　じゃがいもは皮をむいて1cm厚さの輪切りにし、耐熱皿にのせてラップをかけ、電子レンジで4分加熱する。

2　鶏もも肉は軟骨や筋を取り除き、身に切り込みを入れて厚みを揃える(ⓐ)。両面に塩、こしょうをふり、10分ほどおく。

3　フライパンにオリーブオイルを中火で熱し、2を皮目を下にして入れて押さえつけながら焼く(ⓑ)。

4　8分ほど焼いて皮がカリカリになったら上下を返し、1を入れて鶏肉から出た脂を吸わせながら焼き色をつけ(ⓒ)、鶏肉とともに取り出す。

5　同じフライパンにAを入れ、残った鶏肉の脂でパン粉がカリカリになるまで3分ほど炒める(ⓓ)。

6　バットなどに4の鶏肉をのせ、ソースの材料を混ぜ合わせて塗り、5をふりかける。オーブントースターで2分ほど焼き、パン粉に焼き色をつける。

7　器に4のじゃがいもを並べて6をのせる。

じゃがいもに鶏肉の脂を吸わせる

神
POINT!

切り込みを入れて厚みを均一に
鶏肉は身の分厚い部分に切り込みを入れて厚さを揃えておくと、火の通りが均一になって生焼けを防げる。

皮目を押しつけてカリッと焼く
先に皮目をカリッと焼くことで、皮が縮んだりするのを防ぐ。これで8割火が通るので焼きすぎ防止にも。

サクサクパン粉がアクセント
チーズとパセリを混ぜ合わせたパン粉を香ばしく炒めると、香り＆食感がいいアクセントになる。

潤いよだれ鶏

炊飯器でしっとり仕上げたうるうるむね肉に、
自慢の香味ダレをかけていただきます。
食べ応えがあるのでダイエットにもおすすめですよ。

材料（2人分）

鶏むね肉… 1 枚(300ｇ)
A｜水… 200㎖
　｜塩… 小さじ 1
　｜きび砂糖… 小さじ 1
もやし… ½袋
〈タレ〉
　｜にんにく(みじん切り)… 小さじ 1
　｜しょうが(みじん切り)… 小さじ 1
　｜豆板醤… 小さじ½
　｜しょうゆ… 大さじ 2
　｜きび砂糖… 大さじ 1
　｜酢… 大さじ 2
　｜長ねぎ(みじん切り)… ½本分
　｜ごま油… 大さじ 1
バターピーナッツ(砕く)… 少々
貝割れ菜… 適量

作り方

1　鶏むね肉は室温に戻して皮を取り、縦半分に切る。

2　耐熱のジッパーつき保存袋に 1 と A を入れ、空気を抜いて口を閉じる(ⓐ)。

3　炊飯器の内釜に 2 と90℃の湯 1 ℓを入れ(ⓑ)、保温スイッチを押して50分ほど保温する。

4　鍋にたっぷりの水と 1％量の塩(分量外)、もやしを入れて中火にかける。沸騰したらざるに取って水けをきる。

5　タレを作る。フライパンにごま油、にんにく、しょうが、豆板醤を入れて弱火にかけ、香りが出たらしょうゆ、きび砂糖、酢、長ねぎを加えて混ぜ合わせる。

6　3 の鶏肉をひと口大に切り、器に 4 、鶏肉の順に盛る。5 をかけてバターピーナッツをちらし、貝割れ菜をのせる。

POINT!

空気を抜いて密閉する
Aのマリネ液を加え、できる限り空気を抜いて密閉することで、マリネ液が肉に浸透しやすくなる。

炊飯器の保温機能でしっとり!
保温機能を使って低温調理することで、パサつきやすいむね肉が驚くほどしっとり仕上がる。

香味ダレが抜群!

野菜たっぷり
鶏肉の甘酢あんかけ

食材を時間差でコツコツ炒めてベストな食感に。
味つけは甘酢ダレを加えるだけでとっても簡単です。
炒め合わせればおいしいとろ～りおかずが完成！

材料（2人分）

鶏もも肉…1枚(300g)
塩、こしょう…各少々
片栗粉…大さじ2
玉ねぎ…½個
ピーマン…2個
しいたけ…3個
にんじん…⅓本
なす…½本
〈甘酢ダレ〉
　　しょうゆ…大さじ2
　　ケチャップ…大さじ1
　　きび砂糖…大さじ2
　　水…100㎖
　　鶏がらスープの素…小さじ1
サラダ油…大さじ3
ごま油…大さじ2
酢…大さじ1

作り方

1　鶏もも肉は軟骨や筋を取り除き、ひと口大に切る。塩、こしょうをふって片栗粉を全体にまぶしつける（ⓐ）。

2　玉ねぎとピーマン、しいたけは縦5㎜幅に切り、にんじんとなすは5㎜幅の棒状に切る。

3　フライパンにサラダ油を中火で熱し、1を皮目を下に並べ入れて片面3分ずつ揚げ焼きにして（ⓑ）一度取り出す。

4　3の油を拭き取ってごま油をひき、2を玉ねぎ、にんじん、なす、しいたけ、ピーマンの順に入れてしんなりするまで中火で炒める。

5　混ぜ合わせた甘酢ダレを加えて全体を混ぜ、3の鶏肉を戻し入れてフライパンを回しながらよく混ぜる。とろみが出てきたら酢を加え、ざっと混ぜる。

神
POINT!

片栗粉をしっかりまぶす
肉汁を逃さないように片栗粉でコーティングするので、肉全体にきちんとまぶしておく。

先に鶏肉を揚げ焼きにする
揚げ焼きにして表面を焼きかため、肉汁を封印。仕上げに再度加熱するので8割くらい火が通ればOK。

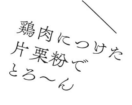

鶏肉につけた片栗粉でとろ～ん

鶏むね肉の
しっとり柚子こしょう唐揚げ

浅漬けの素＋柚子こしょうで、
ガツンとした唐揚げが上品な味わいに！

材料（2人分）

鶏むね肉… 1枚(300g)
A｜浅漬けの素…60㎖
　｜柚子こしょう…小さじ1
片栗粉…適量
卵白(しっかりほぐす)… 2個分
揚げ油…適量

作り方

1　鶏むね肉は皮を取り、ひと口大に切る。

2　ボウルに1と混ぜ合わせたAを入れて3分ほどもみ込み(ⓐ)、冷蔵庫に30分ほどおく。

3　フライパンに揚げ油を180℃に熱し、2の鶏肉を片栗粉をまぶしてから卵白にくぐらせて油に入れる(ⓑ)。衣がカラッとするまで6分ほど揚げて取り出し、油をきる。

―神―
POINT!

浅漬けの素をもみ込む
味に深みが出るほか、肉がしっとりやわらかくなる効果も。

片栗粉＋卵白でカラッ!
卵白にくぐらせてから揚げると外はカリッ＆中はジューシーに。

サクサク衣の鶏天

しょうがとにんにく、浅漬けの素に漬け込んだ
ジューシーな味わいと軽やかな衣がクセになる。

材料（2人分）

鶏むね肉… 1枚（300g）
なす… ½本
A ┃ 浅漬けの素… 60㎖
　┃ おろしにんにく… 小さじ½
　┃ おろししょうが… 小さじ½

〈衣〉
　┃ 薄力粉… 90g
　┃ 片栗粉… 10g
　┃ 冷たい炭酸水… 120㎖
揚げ油… 適量
大根おろし… 適量
ポン酢しょうゆ… 適量

作り方

1　鶏むね肉は皮を取り、縦半分に切ってから1cm幅のそぎ切りにする。なすは縦半分に切り、横にして端から薄く切り込みを入れてひと口大に切る（ⓐ）。

2　ボウルに1の鶏肉とAを入れてしっかりもみ込み、冷蔵庫に30分ほどおく。

3　別のボウルに衣の材料を入れて（ⓑ）ダマがなくなるまで混ぜる。

4　深めのフライパンに揚げ油を180℃に熱し、2の鶏肉を3にくぐらせて油に入れる。衣がしっかりかたまってきたら上下を返し、カラッとするまで4分ほど揚げて取り出して油をきる。1のなすも同様に衣をつけて2分揚げる。

5　器に盛り合わせ、大根おろしとポン酢しょうゆを添える。

むね肉はそぎ切りに!
味の浸透がよくなるほか、唐揚げとは違った食感が楽しめる。

衣に炭酸水を入れてサクッ!
炭酸の気泡でサクッと揚がり、べちゃつかず冷めてもおいしい。

バルサミコ香る
スペアリブの煮込み

バルサミコの芳醇な香りと酸味、玉ねぎの甘みが
レストランのような贅沢な風味を奏でます。
見た目も味も特別感があるのでおもてなしにも！

材料（2人分）

スペアリブ…500g
塩…少々
粗びき黒こしょう…少々
にんにく（みじん切り）…1かけ分
玉ねぎ（縦半分に切ってから縦薄切り/ⓐ）
　…1個分
白ワイン…300㎖
バルサミコ酢…150㎖（ⓐ）
はちみつ…大さじ1
オリーブオイル…大さじ1
エクストラバージン・
　オリーブオイル…小さじ2
イタリアンパセリ…適量

作り方

1　スペアリブは塩をふって10分ほどおき（ⓑ）、出て
　きた水分を拭き取って粗びき黒こしょうをふる。

2　フライパンにオリーブオイルを中火で熱し、1を
　並べ入れて焼く（ⓒ）。両面に焼き色がついたら一
　度取り出す。

3　同じフライパンににんにくを入れて弱火にかけ、
　香りが出てきたら玉ねぎを加えて塩ひとつまみ
　（分量外）をふり、焼き色がつくまで炒める。

4　2を戻し入れて白ワインを加え、5分ほど煮たら
　バルサミコ酢とはちみつを加えてフタをし、弱火
　で1時間ほど煮込む。

5　器に盛りつけてエクストラバージン・オリーブオ
　イルを回しかけ、イタリアンパセリをのせる。

じっくり煮込む

神
POINT!

玉ねぎとバルサミコ酢でとろん

骨つき肉をたっぷりの玉ねぎとバル
サミコ酢でじっくり煮込めば、圧力
鍋を使わなくてもとろっとろに。

豚肉に塩をふり旨みを引き出す

塩をふることで、焼いたときに肉の
表面のたんぱく質が早くかたまり、
中の旨みを逃さない。

焼き色をつけてコクをプラス

スペアリブの表面をしっかり焼きか
ためて、旨みをぎゅっと閉じ込めつ
つ、おいしい焦げでコクを出す。

ご飯がすすむ
スペシャルトンテキ

すりおろしりんごを入れたやさしい甘みのタレと
にんにくチップの食感がいい仕事をしています。
りんごの酵素で安い肉がやわらかくなりますよ！

材料（2人分）

豚ロース肉（トンカツ用）
　　… 2枚(200g)
塩、こしょう … 各少々
片栗粉 … 大さじ2
にんにく（2mm厚さに切って芽を取る）
　　… 2かけ分
〈タレ〉
　　酒 … 大さじ2
　　みりん … 大さじ2
　　しょうゆ … 大さじ1
　　ウスターソース … 大さじ1
　　ケチャップ … 小さじ1
　　りんご（すりおろす） … ¼個分
サラダ油 … 大さじ2
ベビーリーフ … 適量

作り方

1　豚ロース肉は脂身に5か所ほど切り込みを入れ（ⓐ）、塩、こしょうをふって片栗粉をまぶす。

2　フライパンにサラダ油とにんにくを入れて弱火にかけ、にんにくがきつね色になるまで7～8分焼いて取り出す。

3　同じフライパンに1を並べ入れ、中火で片面3分ずつ焼いてペーパータオルで油を拭き取る（ⓑ）。

4　混ぜ合わせたタレを加え、スプーンなどで肉にかけながらとろみがつくまで2分ほど焼く（ⓒ）。

5　器に盛りつけて2をのせ、ベビーリーフを添える。

神
POINT!

切り込みを入れてそり防止
脂身の境目にある筋を断つように切り込みを入れて、そり返りと焼き縮みを防いできれいに焼き上げる。

タレを入れる前に脂を拭き取る
豚肉から出た余分な脂をペーパータオルで拭き取っておくと、タレが肉に絡みやすく雑味もなくなる。

スプーンでタレを
かけながら焼いて
コクを出す

超絶やわらか豚ヒレカツ

自宅では揚げづらかった棒状のヒレ肉も
炊飯器で加熱すれば専門店のようなカツに。
油で1分揚げると衣はカリッ＆肉はしっとりです。

材料（2人分）

豚ヒレ肉（ブロック）…400g
塩、こしょう…各少々
〈バッター液〉
　卵…1個
　薄力粉…50g
　牛乳…50㎖
　長いも（すりおろす）…20g
　りんご（すりおろす）…20g
生パン粉…適量
揚げ油…適量
キャベツ（千切り）、
　ミニトマト（半分に切る）…各適量

作り方

1 豚ヒレ肉は冷蔵庫から出し、30分おいて室温に戻す（ⓐ）。脂身を取り除いて耐熱のジッパーつき保存袋に入れ、空気を抜いて口を閉じる。

2 炊飯器の内釜に1と1がしっかり浸かるくらいの90℃の湯約1ℓを入れ、保温スイッチを押して75分ほど保温する（ⓑ）。

3 2の豚肉を保存袋から出し、水けを拭き取って2cm厚さに切り、塩、こしょうをふる。バッター液の材料は混ぜておく。

4 フライパンに揚げ油を180℃に熱し、3の豚肉をバッター液、パン粉の順につけて（ⓒ）パン粉がはがれないようにぎゅっと押さえてから油に入れる。1分ほど揚げて取り出し、油をきる。

5 器に盛ってキャベツとミニトマトを添え、海塩（分量外）をつけて食べる。

炊飯器でマジしっとり！

神
POINT!

豚肉は室温に戻す
30分くらい前に豚肉を冷蔵庫から出して室温に戻しておくと、中まで均一に火を通しやすくなる。

炊飯器の保温機能で加熱
炊飯器を使った低温調理なら分厚い肉でもムラなく火を通すことができ、しっとりやわらかな食感を実現。

バッター液でサックサク
すりおろした長いもとりんごを合わせた特製のバッター液をつけてパン粉で覆えば、手軽にお店の衣になる。

とろぷる豚の角煮

下ゆでと煮込みの2段階加熱ですが、鍋をセットすればあとは待つだけ。
圧力鍋を使わなくてもとろっとろ＆しみしみに！

料理人が
まかないで作る豚汁

ご飯と豚汁だけで大満足！
野菜と豚肉がたっぷり入ったおかずになる汁物です。

材料（作りやすい分量）

豚バラ肉（ブロック）… 1 kg
しょうが（薄切り）… 8 枚
長ねぎの白い部分（斜め薄切り）
　… 1 本分
長ねぎの青い部分… 1 本分
大根… 1/3 本

A | しょうゆ…100㎖
　| みりん…100㎖
　| 酒…100㎖
　| きび砂糖…大さじ 1
　| 大根のゆで汁…300㎖
　| 豚肉のゆで汁…300㎖
ゆでたほうれん草…適量

作り方

1　豚バラ肉は 1 切れ80〜100 g に切り分ける。大根は皮をむき、2 ㎝幅のいちょう切りにする。

2　フライパンを強火で熱し、1 の豚肉を並べ入れて全ての面に焼き色をつける。

3　鍋に 2 と豚肉がかぶるくらいの水（分量外）、しょうが、長ねぎの青い部分を入れて中火にかけ、フタをして 1 時間30分ほどゆでる（ⓐ）。

4　別の小鍋に湯を沸かし、大根を竹串がスッと通るまで下ゆでする（ⓐ）。

5　大きめの鍋にAと 3 の豚肉、長ねぎの白い部分を入れて中火にかけ、落としブタをして30分ほど煮る（ⓑ）。

6　4 を加えてさらに30分ほど煮る。

7　器に盛り、ほうれん草を添える。

豚肉と大根は別々にゆでる
ゆで時間が異なるため別の鍋で下ゆでして味を入りやすくする。

ゆで汁で深みを出す
旨みを含んだふたつのゆで汁をベースに味に深みをつける。

材料（4〜5人分）

豚バラ薄切り肉…250 g
大根… 1/4 本
にんじん… 1/2 本
ごぼう… 1/2 本
長ねぎの白い部分… 1 本分
長ねぎの青い部分… 1 本分
しいたけ… 4 個
こんにゃく… 1/2 枚

水… 1 ℓ
A | みりん…大さじ 2
　| しょうゆ…大さじ 1
　| 和風だし（顆粒）…小さじ 2
みそ…60 g
おろししょうが…小さじ 1
ごま油…小さじ 2
長ねぎ（小口切り）…適量

作り方

1　大根、にんじんは皮をむいていちょう切りにする（皮は取っておく）。皮つきのごぼう、長ねぎの白い部分は斜め切り、しいたけは石突きを取って薄切りにする。こんにゃくはスプーンでひと口大にちぎる。豚バラ肉はひと口大に切る。

2　鍋に水と大根、にんじんの皮、長ねぎの青い部分を入れて中火にかけ、15分煮てだしを取る（ⓐ）。

3　フライパンにごま油を中火で熱し、1 の豚肉を入れて炒め、火が通ったら取り出す。

野菜くずでだしを取る
野菜の皮などを煮出しただしを使うことでごちそう感が増す。

4　同じフライパンに 1 の大根、にんじん、ごぼうを入れて炒める。焼き色がついたら 1 の長ねぎの白い部分、こんにゃく、しいたけを加えて軽く炒める。

5　2 の野菜だしと 3 を加えて沸騰したらアクを取り、Aを加えて弱火にし、20分ほど煮る。

6　みそを溶き入れておろししょうがを加え、5 分ほど煮る。器に盛り、長ねぎをのせる。

濃厚デミソースの
ロールキャベツ

葉を重ねて包んだキャベツの甘みや
洋食屋のボリューミーなサイズ感も再現。
リッチなデミソースで特別な日のディナーにもおすすめ。

材料（6個分）

合いびき肉…400g

塩…小さじ1

A
- 玉ねぎ（みじん切り）…½個分
- 卵…1個
- 粗びき黒こしょう…2g
- ナツメグ…2g

キャベツ（芯をくりぬく）…1個

水…600㎖

B
- 顆粒コンソメ…大さじ1
- ケチャップ…大さじ2

デミグラス缶…1缶

オリーブオイル…大さじ1

生クリーム…適量

作り方

1 ボウルに合いびき肉と塩を入れて粘りが出るまでこね、Aを加えてさらにしっかりこねる。

2 大きめの鍋に湯を沸かし、キャベツを入れてやわらかくなるまでゆでる。葉をバラして冷水につけ、冷めたら軸を削ぎ取って水けを拭き取る。

3 キャベツの葉を大、中、小を重ねたものを6つ作り、1を80gずつのせる（ⓐ）。手前からひと巻きして両端を折り込み、さらにひと巻きして包む。

4 フライパンにオリーブオイルを中火で熱し、3を巻き終わりを下にして並べ、5分ほど焼いて両面に焼き色をつける（ⓑ）。材料の水を加えて沸騰したらBを加えて落としブタをし、1時間ほど煮込んでロールキャベツを取り出す。

5 4のスープにデミグラス缶を加え（ⓒ）、強火でとろみがつくまで5分ほど煮詰める。

6 4のロールキャベツを器に盛りつけて5をかけ、生クリームを回しかける。

肉の味もしっかり！

神
POINT!

葉を3枚重ねて煮くずれ防止
大中小の葉を重ね、しっかり巻き込んで肉だねを包めば破れにくく、スープも見た目もきれいになる。

焼きつけてコクをプラス
煮込む前にキャベツに焼き色をつけることでコクが増し、香ばしさもアクセントになる。

デミ缶を加えてお店の味に
旨みが詰まったスープにデミグラス缶を加えれば、市販のソースでも洋食屋の味に格上げできる。

じゅわ～っと肉汁餃子

口にひとつほおばると肉汁がジュワッと広がる！
その秘密は餡に練り込んだ"水"。
少しの工夫でプロが作る絶品餃子になりますよ。

材料（20個分）

餃子の皮（大判）…20枚
豚ひき肉…200g
塩… 2 g（ひき肉の重量の 1 ％）
ごま油…小さじ 2
A｜しょうゆ…小さじ 2
　｜おろしにんにく…小さじ½
　｜おろししょうが…小さじ½
　｜こしょう…少々
水…80mℓ
にら（みじん切り）…½束分
長ねぎ（みじん切り）…½本分
サラダ油…小さじ 2
ポン酢しょうゆ…適量

作り方

1 ボウルに豚ひき肉と塩、ごま油を入れて粘りが出るまでこね、Aを加えてさらにこねる。

2 材料の水を 3 回に分けて加えて、そのつどよくこねる（a）。

3 にらと長ねぎを加え、全体がなじむまで混ぜ合わせる。

4 餃子の皮に 3 の餡を大さじ 1 程度のせ、縁に水少々をつけて半分に折る（b）。端からひだを 4 〜 5 つ寄せて包み、縁を軽く押さえる（c）。

5 フライパンにサラダ油を中火で熱し、4 を並べ入れる。 1 分ほど焼いて少し焼き色がついたら、水大さじ 3 を加えてフタをし、 4 分ほど蒸し焼きにする。

6 器に盛りつけてポン酢しょうゆを添える。

神
POINT!

ジューシー感
ハンパなし！

餡に水を加えてジューシーに
塩を加えてこねたひき肉は水分を含みやすくなっているので、水を加えながらよく練るとジューシーになる。

肉汁が漏れないように包む
縁にのり代わりの水をつけて半分に折り、端から等間隔にひだを寄せて親指と人差し指でひだ部分を挟んで留める。

本当においしいおうちコロッケ

しっかり下味をつけてゴロッと焼いたひき肉が
家庭で作るコロッケをお店の味に。

材料（6個分）

じゃがいも（男爵）… 3個（450g）
豚ひき肉… 200g
塩… 2g（ひき肉の重量の1%）
玉ねぎ（みじん切り）… 1個分
A｜ケチャップ… 小さじ2
　｜ウスターソース… 小さじ2
〈バッター液〉　※混ぜておく
　｜卵… 1個
　｜薄力粉… 50g
　｜牛乳… 50ml
　｜長いも（すりおろす）… 20g
　｜りんご（すりおろす）… 20g
生パン粉… 適量
サラダ油… 小さじ2
揚げ油… 適量
キャベツ（千切り）… 適量

神
POINT!

作り方

1　鍋にたっぷりの水と1%の塩（分量外）、じゃがいもを入れて中火にかけ、竹串がスッと通るまで30分ほどゆでる。ざるに取って皮をむき、ボウルに入れて粗くつぶし、塩、粗びき黒こしょう各少々（分量外）を加えて混ぜ合わせる。

2　別のボウルに豚ひき肉と塩を入れ、粘りが出るまでこねてひとつにまとめる。

3　フライパンにサラダ油を中火で熱し、玉ねぎを入れて塩少々（分量外）をふり、透き通るまで炒めて取り出す。同じフライパンに2を塊のまま入れて両面焼き色をつけてからほぐし（ⓐ）、玉ねぎを戻し入れて炒め合わせる。ひき肉に火が通ったら脂を拭き取り、Aを加えて混ぜ合わせる。

4　3を1のボウルに加えてしっかり混ぜ合わせ、そのまま冷ます。

5　4を6等分して丸め、表面をなめらかに整えてバッター液、生パン粉の順につける。

6　フライパンに揚げ油を180℃に熱し、5を静かに入れて3分ほど揚げて油をきり、器にキャベツとともに盛る。

ひき肉を塊のまま焼きつける
塊のまま焼いてからほぐすと、
ひき肉の存在感がアップする。

甘み際立つ玉ねぎの肉詰め

SNSで大好評！　中をくりぬいた玉ねぎに肉だねを詰めて蒸し焼きに。
新玉ねぎで作るとよりおいしくなりますよ。

材料（2人分）

玉ねぎ（大）… 2個
合いびき肉… 100g
塩… 1g（ひき肉の重量の1％）
A ｜ 粗びき黒こしょう… 1g
　｜ ナツメグ… 1g
　｜ 溶き卵… 1/2個分
　｜ パン粉… 大さじ2
　｜ 牛乳… 大さじ1
薄力粉… 適量
〈タレ〉
　｜ 酒… 大さじ3
　｜ みりん… 大さじ2
　｜ しょうゆ… 大さじ2
　｜ きび砂糖… 大さじ1
サラダ油… 小さじ2
ディル… 適量

作り方

1　玉ねぎは上下1cmを切り落とし、横半分に切る。切り口を上にして置き、外側を2〜3枚残して内側を取り、取った部分はみじん切りにする。

2　ボウルに合いびき肉と塩を入れて粘りが出るまでこねる。Aと1の玉ねぎのみじん切りを加え、さらによくこねて4等分にする。

3　1の玉ねぎに薄力粉を薄くまぶし、2をスプーンで詰めて表面をなめらかに整える。

4　フライパンにサラダ油を中火で熱し、3を肉だねが上になるように並べてフタをし、5分ほど蒸し焼きにする。フタを取って上下を返し、再度フタをして5分蒸し焼きにする（ⓐ）。

5　フタを取って再度上下を返し、タレの材料を加えてスプーンなどでかけながら2分ほど煮詰める。

6　器に盛ってタレをかけ、ディルをのせる。

＼神／ POINT!

蒸し焼きにして甘みアップ
じっくり蒸し焼きにすると玉ねぎの甘みが増してやわらかに。

レストランのローストビーフ

フライパンでおいしい焼き色をつけたら
炊飯器に入れて保温スイッチをオン！
オーブンを使わず手軽にレストランの味を再現しました。

材料（作りやすい分量）

牛もも肉（ブロック）…400g
塩… 4g（牛肉の重量の1%）
粗びき黒こしょう… 2g
オリーブオイル…大さじ1
A｜オリーブオイル…大さじ3
　｜にんにく（皮つきのままつぶす）
　｜　… 1かけ
　｜ローズマリー… 1本
　｜タイム… 1本
〈オニオンソース〉
　｜玉ねぎ（みじん切り）… 1個分
　｜塩…少々
　｜ディジョンマスタード…小さじ1
　｜白ワイン…大さじ2
　｜水…100mℓ
　｜食塩不使用バター…10g
　｜粗びき黒こしょう…少々
　｜オリーブオイル…大さじ1
クレソン…適量

作り方

1　牛もも肉は室温に戻し、塩と粗びき黒こしょうをすり込む。

2　フライパンを強火で熱してオリーブオイルをひき、1を入れて全面に焼き色をつけて取り出す（ⓐ）。耐熱のジッパーつき保存袋に入れてAを加え、空気を抜いて口を閉じる。

3　炊飯器の内釜に2とそれがしっかり浸かるくらいの90℃の湯を入れ、保温スイッチを押して40分ほど保温する（ⓑ）。

4　オニオンソースを作る。フライパンにオリーブオイルを中火で熱し、玉ねぎを入れて塩をふり、10分ほど炒める。ディジョンマスタードを加えてなじませたら白ワインを加え、汁けがなくなるまで炒めて水、バター、粗びき黒こしょうを加え、5分ほど煮詰める。

5　3の牛肉を薄く切って器に盛り、粗びき黒こしょう少々（分量外）をふり、4のソースとクレソンを添える。

─ 神 ─
POINT!

先に表面を焼きかためる
炊飯器に入れる前にフライパンで旨みが流れ出ないよう表面を焼きつける。中まで火が入らないように注意。

保温調理で手軽にやわらか
保存袋ににんにくとハーブを一緒に入れて40分保温するだけ。香りがしっかり入り肉色は薄ピンクに！

炊飯器で
憧れの肉色に！

ホクホク肉じゃが

牛肉と野菜を別々にしっかり炒めてから一緒に煮込むと
味がしみ込みやすくなり、煮くずれも防げます。

材料（3〜4人分）

牛こま切れ肉…300g
じゃがいも（皮をむいてひと口大に切る）
　…3個分（450g）
にんじん（ひと口大に切る）…1本分
玉ねぎ（1cm幅のくし形切り）…1個分
絹さや（筋を取る）…10枚
サラダ油…小さじ2
A｜水…500㎖
　｜みりん…70㎖
　｜しょうゆ…70㎖
　｜和風だし（顆粒）…小さじ2
　｜きび砂糖…小さじ1

作り方

1　フライパンにサラダ油を中火で熱し、牛肉を炒めて火
　が通ったら一度取り出す（ⓐ）。

2　同じフライパンにじゃがいも、にんじん、玉ねぎを入
　れて焼き色がつくまで中火で炒める（ⓑ）。

3　1を戻し入れてAを加え、落としブタをして弱火の中
　火で15分ほど煮込む。

4　絹さやを入れて煮汁をかけながら火を通す。

神
POINT!

**牛肉の脂で野菜を炒めて
コクを出す**

牛肉を炒めて取り出し、残った
脂で牛肉の旨みを移しながら野
菜に焼き色をつけて煮込むと、
味に深みが生まれる。

タレがキメ手の野菜炒め

すりおろしりんごやコチュジャンを加えた万能ダレで
誰でもチャチャッとおいしく作れます!

材料（2人分）

豚バラ薄切り肉…200g
塩、こしょう…各少々
キャベツ…¼個
玉ねぎ…½個
ピーマン…2個
サラダ油…小さじ2

〈万能ダレ〉
酒…大さじ1
みりん…大さじ2
しょうゆ…大さじ2
おろしにんにく…小さじ½
りんご（すりおろす）…⅙個分
コチュジャン…小さじ1

作り方

1 豚バラ肉は食べやすい大きさに切り、塩、こしょうを
 ふる。キャベツはひと口大に切って手でもむ。玉ねぎ、
 ピーマンは縦5mm幅に切る。

2 フライパンにサラダ油を中火で熱し、1の豚肉を炒め
 て火が通ったら一度取り出す（ⓐ）。

3 同じフライパンに1の玉ねぎを入れて中火で炒め、し
 んなりしてきたらキャベツ、ピーマンの順に加えて炒
 める（ⓑ）。

4 2を戻し入れて混ぜ合わせた万能ダレを加え、手早く
 混ぜながら2分ほど炒める。

神
POINT!

豚肉は炒めて一度取り出す
先に豚肉を炒めて取り出し、焼
きすぎによるパサつきを防ぐ。

豚肉の脂で野菜を炒める
豚肉を炒めて出てきた脂で野菜
を炒めてコクを出す。

本格やみつき麻婆豆腐

香味野菜や調味料をていねいに炒めて香りとコクを引き出してください。
コツコツ味を重ねていくことで本格的な味わいになります。

材料（2人分）

絹豆腐… 1丁(350g)

豚ひき肉…150g

塩…1.5g（ひき肉の重量の1％）

長ねぎ（みじん切り）…½本分

にんにくの芽

　（皮をむいて2㎝幅に切る）… 1本分

サラダ油…小さじ2

水溶き片栗粉

　…片栗粉小さじ2＋水大さじ1

A	おろしにんにく…小さじ½
	おろししょうが…小さじ½
	豆板醤…小さじ2
B	甜麺醤…大さじ1
	きび砂糖…小さじ2
	ラー油…小さじ1
C	水…150㎖
	鶏がらスープの素…小さじ1
	しょうゆ…大さじ1
	ごま油…小さじ2

作り方

1　豆腐はひと口大に切り、1％の塩（分量外）を入れた湯で4分ほどゆでてざるに上げる（ⓐ）。

2　ボウルに豚ひき肉と塩を入れてこね、ひとつにまとめる。

3　フライパンにサラダ油を中火で熱し、2を塊のまま入れて薄くのばし、両面に焼き色をつける。空いているスペースに長ねぎ½量とAを加えて炒め、香りが出てきたらひき肉をほぐしながら炒め合わせる（ⓑ）。

4　Bを加えてさらに炒めたらCを加えて煮立たせる。1の豆腐とにんにくの芽、残りの長ねぎを加え（ⓒ）、全体を混ぜ合わせたら3〜4分煮て一度火を止める。水溶き片栗粉を回し入れて弱火にかけ、フライパンを揺すりながらとろみをつける。

神 POINT!

豆腐を下ゆでして煮くずれ防止

下ゆですると煮くずれしにくくなり、食感はよりやわらかに。余分な水分も出にくくなるので味がブレない。

ひき肉を塊で焼きつけ存在感を

こねてまとめたひき肉をそのままフライパンに焼きつけてからほぐすと、肉々しさが際立ち食べ応えが増す。

長ねぎを2回に分けて入れ味に深みを出す！

サクふわあじフライ

軽やかな衣とふんわりとしたあじ。
特に揚げたてはたまらないおいしさです。
福神漬け入りの和風タルタルとの相性も抜群ですよ！

材料（2人分）

あじ(開いたもの)… 4尾
塩、こしょう…各少々
昆布茶…少々
生パン粉… 適量
揚げ油…適量
〈バッター液〉

> 卵… 1個
> 薄力粉…50g
> 牛乳…50mℓ
> 長いも(すりおろす)…20g
> りんご(すりおろす)…20g

和風タルタルソース(右記参照)…適量
キャベツ(千切り) … 適量

作り方

1 あじは身側に塩、こしょう、昆布茶をふ
ってなじませる(**a**)。

2 バッター液の材料は混ぜておく。

3 フライパンに揚げ油を180℃に熱し、1
のあじをバッター液、生パン粉の順につ
けて油に入れる(**b**)。3分ほど揚げて取
り出し、油をきる。

4 器に盛りつけて、和風タルタルソースと
キャベツを添える。

和風タルタルソース

材料（作りやすい分量）

ゆで卵(殻をむく)… 1個
マヨネーズ…100g
玉ねぎ(みじん切り)…⅛個分
パセリ(みじん切り)…小さじ1
福神漬け(みじん切り)…大さじ2
レモン汁…小さじ½
しょうゆ…小さじ½
ウスターソース…小さじ½

作り方

ボウルに卵を入れてフォークで細か
くつぶし、残りの材料を加えてよく
混ぜる(**c**)。冷蔵で2〜3日保存可能。

特製タルタルを
たっぷりつけてどうぞ！

神
POINT!

昆布茶で旨みアップ！
あじの下味に昆布茶をふりかけれ
ば、手頃なあじでもお店のような旨
みたっぷりの味わいに変わる。

バッター液でサクふわっ！
手間なくしっかりと衣がつくうえ、
はがれにくくなり、中のあじはふわ
っと、外の衣はさっくり仕上がる。

わが家自慢の
卵入りエビチリ

フレッシュトマトとふんわり卵がよく合う、
すっきりマイルドな味わいです。
ソースまでおいしくいただけますよ。

材料（2人分）

むきエビ…200g

塩、こしょう…各少々

片栗粉…小さじ2

卵白…1個分

A｜ごま油…大さじ1
　｜にんにく（みじん切り）
　｜　…小さじ1
　｜しょうが（みじん切り）
　｜　…小さじ1
　｜豆板醤…小さじ1

長ねぎ（みじん切り）…½本分

トマト（1cm角に切る）…½個分

ケチャップ…50g

B｜水…100mℓ
　｜鶏がらスープの素…小さじ½
　｜甘酒…大さじ1

サラダ油…大さじ1

溶き卵…1個分

作り方

1　むきエビは背ワタを取り、ボウルに入れて片栗粉、塩各小さじ1（分量外）をもみ込む。水で洗い流して水けを拭き取り、ボウルに入れて塩、こしょう、片栗粉、卵白を加えてもみ込む。

2　フライパンにサラダ油を中火で熱し、1のエビを並べ入れる。片面1分30秒ずつ焼いて火を通し（ⓐ）、一度取り出す。

3　油を拭き取ったフライパンにAと長ねぎ½量を入れ、弱火で香りが出るまで炒める。トマトとケチャップを加えて中火にし、トマトをつぶしながら炒める。とろみが出てきたら（ⓑ）Bを加えて沸騰させる。

4　別のフライパンにサラダ油小さじ2（分量外）を中火で熱し、溶き卵を入れて混ぜながら炒める。半熟状になったら3に加えて2を戻し入れ（ⓒ）、残りの長ねぎを加えて手早く混ぜ合わせる。

POINT!

エビは焼いて取り出す

最初にエビを両面焼き、8割ほど火を入れて一旦取り出しておくと、パサつきやかたくなるのを防げる。

生のトマトでフレッシュに

細かく切ったトマトをつぶしながら加熱してソース状に。ケチャップに足すだけで新鮮な味わいになる。

最後にエビを戻してプリッ！

仕上げの工程でエビを戻し入れ、ソースをさっと絡めれば完成。これでプリッとした食感がキープできる。

旨み広がる
真鯛のアクアパッツァ

食材を時間差でひとつずつしっかり焼くことで
具材はもちろん、スープもコクが生まれて絶品に。
切り身とあさりだけで気軽に作れます。

材料（2人分）

真鯛(切り身)… 2切れ
塩…少々
にんにく(つぶす)… 1かけ
ミニトマト(半分に切る)… 6個分
あさり(砂抜きをする)…200g
水…200㎖
オリーブオイル…大さじ1
エクストラバージン・
　オリーブオイル…大さじ3
イタリアンパセリ(みじん切り)
　…適量

作り方

1　真鯛は塩をふり、10分ほどおいて出てきた水けを拭き取る。

2　フライパンにオリーブオイルとにんにくを入れて弱火にかけ、香りが出てきたら1の真鯛を皮目を下にして並べ入れ、ヘラで押さえながら焼く(ⓐ)。しっかり焼き色がついたら上下を返し、ミニトマトを断面を下にして加え、1分ほど焼いて焼きかためる。

3　あさりを加えて軽く炒めたら水を加えてフタをし、あさりの口が開くまで2分ほど煮る。

4　塩少々(分量外)で味をととのえ、最後にエクストラバージン・オリーブオイルとイタリアンパセリを加えて強火にし(ⓑ)、1分ほど煮立たせる。

オイルを贅沢に
使って格上げ！

神
POINT!

鯛の皮目を焼きつけ香ばしく

ヘラで押しつけながらじっくり加熱し、皮目をパリッと香ばしく焼きかためると、鯛の旨みも増す。

清らかな
さばのみそ煮

さばの臭みがあるのとないのでは、味にも雲泥の差が！
少しだけ手をかけて下処理を行うときれいな味が生まれます。

材料（2人分）

さば(切り身)… 2 切れ
塩…少々
A 酒…150㎖
 みりん…30㎖
B しょうゆ…15㎖
 水…150㎖
 みそ…30g
 きび砂糖…10g
長ねぎ(1 ㎝幅の斜め切り)…½本分
しょうが(薄切り)… 4 枚
白髪ねぎ…適量

作り方

1 さばは両面に塩をふって10分ほどおき、出てきた水けを拭き取る。

2 鍋に湯を沸かして 1 を入れ、20秒ほどおいて霜降りにする(ⓐ)。冷水につけてうろこやぬめりなどの汚れを落とし(ⓑ)、水けを拭き取る。

3 鍋にAを入れて中火にかけ、 1 分ほど煮立たせてからBを加えてみそを溶かす。

4 2 のさば、長ねぎ、しょうがを加え、沸騰したらアクを取り、落としブタをして中火で15分ほど煮る。

5 4 のさばとねぎ、しょうがを器に盛る。残った煮汁を強火で煮詰め、とろみが出てきたらさばにかけて白髪ねぎをのせる。

神
POINT!

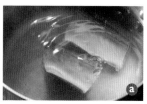 ⓐ

≫

 ⓑ

**ていねいな下処理で
さばの臭みを消す**

熱湯にくぐらせて冷水
に取り、臭みのもとに
なるうろこや血合い、
ぬめりを洗い落とす。

PART 2

ふたつの絶品ソースで洋食屋の味を再現

自家製神ソースの
おうちごはん

おいしい洋食屋の秘伝のソースをわが家の味に。
家庭でも手軽に作れる森シェフ流神ソースをご紹介します。
味も見た目も対照的な赤と白のソースがあれば
パスタからオムライス、グラタンまで
洋食屋の鉄板メニューがパパッと作れます。

Sauce

基本の
神ソース

ベシャメルソース

家にある食材で気軽に作れる本格ソース。
グラタンやシチュー、ドリアなど
ほっこりとした洋食メニューが
自宅でも手作りできますよ。

フレッシュトマトソース

「トマト缶に戻れない！」と大好評！
煮込まず生のトマトの風味を引き出し、
ブレンダーでなめらかなソースに。
トマト1個から作れる手軽さも魅力。

フレッシュトマトソース

材料（作りやすい分量）

トマト（完熟）… 4個（600g）
塩…小さじ1
きび砂糖…小さじ2
にんにく（みじん切り）… 4かけ分
オリーブオイル…大さじ2

作り方

1 トマトは8等分に切り、ボウルに入れて塩、きび砂糖をふり、10分ほどおく（**ⓐ**）。

2 フライパンにオリーブオイルとにんにくを入れて弱火でじっくり炒め、香りを出す。

3 1を加えて強火にし、トマトがやわらかくなってきたらフォークでつぶしながら5分ほど炒める（**ⓑ**）。

4 3をブレンダー、またはミキサーで攪拌してざるなどでこし、保存容器に入れて粗熱を取る。冷蔵で2〜3日保存可能。

砂糖と塩で旨みを引き出す
ジャム作りのように砂糖の浸透圧で水分を引き出しておくと、短時間でやわらかくなる。

炒めて生の風味を生かす
フレッシュな風味が消えないように、つぶしながら炒めてから最後に強火で一気に煮詰める。

ベシャメルソース

材料（作りやすい分量）

牛乳…500㎖
食塩不使用バター…50g
薄力粉…50g
塩…小さじ1
こしょう…少々

作り方

1 牛乳は60℃くらいに温めておく。

2 鍋を中火で熱してバターを溶かし、薄力粉を加えて焦げつかないように混ぜながら2分ほど炒める（**ⓐ**）。

3 1の牛乳を4回に分けて加え、そのつどよく混ぜる（**ⓑ**）。1〜2回目はゴムベラで、3〜4回目はホイッパーで混ぜるとダマになりにくい。

4 最後に塩、こしょうで味をととのえ、なめらかになったら火を止め、保存容器に入れて粗熱を取る。冷蔵で2〜3日保存可能。

薄力粉をしっかり炒める
バターで粉けがなくなるまで炒めることで、粉臭さが消えるとともにダマになるのを防ぐ。

牛乳を数回に分けて加える
牛乳を一度に加えるとダマになるため、少量ずつ加えながら混ぜてなじませることが大切。

シンプルを極めた
フレッシュトマトパスタ

トマトソースとスパゲッティを和えるだけ。
具材なしでトマトのおいしさをストレートに楽しむ
手作りソースならではの味わいです。

フレッシュトマトソースを使った
絶品レシピ

材料（2人分）

フレッシュトマトソース(p.63)
　…300g
スパゲッティ（1.8mm）…160g
エクストラバージン・
　オリーブオイル…大さじ1
イタリアンパセリ（みじん切り）
　…適量
パルミジャーノ・レッジャーノ
　…適量

作り方

1 鍋にたっぷりの湯を沸かして湯の1％量の塩（分量外）を入れ、スパゲッティを袋の表示より1分短い時間でゆでる。

2 フライパンにフレッシュトマトソースを温め、ゆで上がったスパゲッティを入れて手早く和える。ソースが絡みづらい場合はゆで汁大さじ1を加えて調節する（ⓐ）。

3 仕上げにエクストラバージン・オリーブオイルとイタリアンパセリを加えて（ⓑ）混ぜ合わせる。

4 器に盛り、パルミジャーノ・レッジャーノをすりおろす。

神 POINT!

ゆで汁を足して濃度を調節
スパゲッティを加えたら一度味をみて塩けや汁けが少ない場合は、ゆで汁を加えて好みの加減にする。

たっぷりオイルでリッチな味に
仕上げにちょっといいエクストラバージン・オリーブオイルをたっぷりと。これでお店のような味になる。

これがプロの
盛りつけテク！

お玉に
くるくる

そのまま盛る！

ホテルのオムライス

ふわふわの薄焼き卵でチキンライスを包み
フレッシュトマトソースをかければ
見た目も味も上品なホテル風に！

材料 (2人分)

卵(M)… 6個
生クリーム…20g
食塩不使用バター…10g
〈チキンライス〉
 温かいご飯…360g
 鶏もも肉…½枚
 塩、こしょう…各少々
 食塩不使用バター…15g
 玉ねぎ(みじん切り)…¼個分
 ピーマン(みじん切り)…1個分
 マッシュルーム(5mm厚さに切る)
  …4個分
 ケチャップ…80g
フレッシュトマトソース(p.63)
 …適量

作り方

1 チキンライスを作る。鶏もも肉は軟骨や筋を取り
 除き、ひと口大に切って塩、こしょうをふる。

2 フライパンを中火で熱してバターを溶かし、玉ね
 ぎを入れて塩少々(分量外)をふり、しんなりする
 まで炒める。1の鶏肉を加えて炒め、火が通った
 らピーマンとマッシュルームを加えてざっと炒め
 合わせ、ケチャップを加えて酸味を飛ばすように
 2分ほど炒める。

3 ボウルにご飯と2を入れてしっかり混ぜ合わせる
 (ⓐ)。

4 別のボウルに卵、生クリームをしっかりと混ぜて
 卵液を作る。

5 フライパン(直径20cm)を中火で熱してバター半量
 を溶かし、4の半量を入れて菜箸で大きく混ぜる。
 卵の縁がかたまって表面が半熟状になったら、中
 央に3の半量をラグビーボール形にしてのせる
 (ⓑ)。

6 卵の両端を折り畳むようにしてチキンライスを包
 み、フライパンをふりながらヘラでひっくり返し、
 形をととのえる。もう一個も同様に作る。

7 器に盛りつけて温めたフレッシュトマトソースを
 かける。

神
POINT!

チキンライスはボウルで仕上げる
炒めて味をつけた具材と温かいご飯
をボウルで混ぜ合わせれば、パサつ
くことなくしっとり仕上がる。

半熟状になったらライスオン!
混ぜながら半熟状にした卵は空気を
たくさん含んでふわふわに。ここで
ご飯を包むのがベストなタイミング。

生クリーム入りの
卵液でふんわり

煮込まないラタトゥイユ

しっかり炒めた野菜の旨みとフレッシュトマトソースだけで
こんなにおいしくなる！という自信作です。

材料（作りやすい分量）

玉ねぎ…½個
なす…1本
ズッキーニ…1本
赤パプリカ…1個
黄パプリカ…1個
にんにく（つぶす）
　…2かけ

塩…少々
フレッシュトマトソース(p.63)
　…100g
ローズマリー…1本
タイム…1本
オリーブオイル…大さじ1
エクストラバージン・
　オリーブオイル…大さじ1

作り方

1　玉ねぎ、なす、ズッキーニ、パプリカは2cm角に切る。

2　フライパンにオリーブオイルとにんにくを入れて弱火
　　にかけ、香りが出てきたら中火にし、1の野菜を順に
　　入れる。野菜を加えるたびに塩をふり、そのつど混ぜ
　　て火が通るまで炒める（ⓐ）。

3　フレッシュトマトソース、ローズマリー、タイムを加
　　えて（ⓑ）全体を混ぜながら3分ほど炒め、最後にエク
　　ストラバージン・オリーブオイルを回しかける。

＼ 神 ／
POINT!

食材の加熱時間を変える
食材を入れるタイミングをずら
して炒め、火の通りを揃える。

ハーブでワンランクアップ！
ローズマリーとタイムで香りづ
けすれば本格イタリアンに！

フレッシュトマトのスープ

ベーコンのイノシン酸とトマトのグルタミン酸の相乗効果で
旨みを上げたスープは朝食にぴったりです。

材料（2人分）

ベーコン（1cm幅に切る）…40g
玉ねぎ（横薄切り）…½個分
塩…少々
しめじ（ほぐす）…½パック分
水…200ml
フレッシュトマトソース(p.63)…300g
卵…2個
オリーブオイル…小さじ2
バゲット…4切れ

作り方

1 フライパンにベーコンとオリーブオイルを入れて弱火
　にかけ、3分ほど炒めて旨みを引き出す(ⓐ)。玉ねぎ
　を加えて塩をふり、しんなりするまで炒める。

2 しめじを加えてしんなりするまで炒めたら、水を加え
　て5分ほど煮る。

3 フレッシュトマトソースを加えて(ⓑ)5分ほど煮た
　ら、卵を割り入れてフタをし、半熟状になるまで3分
　ほど煮る。

4 器に盛りつけて好みでパルミジャーノ・レッジャーノ
　(分量外)をふり、バゲットを添える。

神
POINT!

ベーコンをじっくり炒める
弱火で旨みをじっくり引き出し
たベーコンがアクセントに。

トマトソースでフレッシュに!
生のトマトを使ったソースがベ
ースなら後味もすっきり。

きのこと鶏肉の
クリームシチュー

白ワインが香る鶏肉と素焼きしたきのこが
おうちシチューをおしゃれな味わいに。
キメ手はもちろん手作りのベシャメルソース！

ベシャメルソースを使った
絶品レシピ

材料（3〜4人分）

鶏もも肉…1枚
塩、こしょう…各少々
しめじ（ほぐす）…1パック分
エリンギ（ひと口大に裂く）…2本分
マッシュルーム（5mm幅に切る）
　　…5個分
玉ねぎ（みじん切り）…½個分
白ワイン…100ml
水…400ml
顆粒コンソメ…小さじ2
ベシャメルソース(p.63)…300g
オリーブオイル…大さじ1
パセリ（みじん切り）…少々

作り方

1　鶏もも肉は軟骨や筋を取り、ひと口大に切って塩、こしょうをふる。

2　フライパンを中火で熱し、しめじ、エリンギ、マッシュルームを入れて素焼きし、かさが⅓量になって焼き色がついたら（ⓐ）一度取り出す。

3　同じフライパンにオリーブオイルを中火で熱し、1を皮目を下にして入れて全体に焼き色がつくまで5分ほど焼く。玉ねぎを加えてしんなりするまで炒め、白ワインを加えて汁けがなくなるまで煮詰める（ⓑ）。

4　水とコンソメを加えて10分ほど煮たら、ベシャメルソースを加えて2を戻し入れ、さらに10分ほど煮る。

5　器に盛りつけてパセリをちらす。

神 POINT!

きのこを素焼きして旨みを凝縮
油をひかずにきのこを焼きつけて水分をしっかり飛ばすことで、旨みだけでなく香りもグッと増す。

白ワインで風味豊かに!
鶏肉と玉ねぎに多めの白ワインを加えることで肉の臭みが消え、コクもアップして奥深い味に。

あさりだしで作る
マカロニグラタン

あさりとエビの旨みが詰まった魚介のグラタン。
マカロニを長めにゆでるとベシャメルソースが
よくなじんで一体感が生まれます。

材料（2人分）

マカロニ…100g
むきエビ…10尾
片栗粉…小さじ2
塩…小さじ1
水…100mℓ
顆粒コンソメ…小さじ½
あさり（砂抜きをする）…10個
ベシャメルソース(p.63)…200g
パルミジャーノ・レッジャーノ
　（すりおろす）…大さじ1
ピザ用チーズ…適量
パセリ（みじん切り）…少々
オリーブオイル…小さじ2

作り方

1 鍋に湯を沸かし、湯の1％量の塩（分量外）を入れ、マカロニを袋の表示より2分ほど長めにゆでてざるに上げる。

2 むきエビは背ワタを取り、ボウルに入れて片栗粉、塩をもみ込む。水で洗い流して水けを拭き取る。

3 フライパンにオリーブオイルを中火で熱し、2を入れて両面に焼き色をつけて取り出す。

4 同じフライパンにあさりを入れて軽く炒め、材料の水、コンソメを加えてフタをし、2分ほど煮る（ⓐ）。あさりの口が開いたら取り出して殻から身を外しておく。

5 フライパンに残ったあさりのだしにベシャメルソースとパルミジャーノ・レッジャーノを加えて（ⓑ）混ぜ合わせ、3、4のあさりの身、1を加えて混ぜる。

6 グラタン皿に5を入れてピザ用チーズをのせ、オーブントースターで焼き色がつくまで5分ほど焼いてパセリをちらす。

神
POINT!

あさりのだしを余すことなく
あさりをコンソメで煮たスープをベースにすることで魚介感が増す。身は取り出して最後に合わせて。

たっぷりチーズで贅沢な味わいに
手作りのベシャメルソースと旨みたっぷりのスープにパルミジャーノを混ぜて、より濃厚に。

熱々とろ～り
チキンライスドリア

鶏肉とケチャップ、濃厚ベシャメルソースとチーズ、
コクを重ねて高級感のある味を生みます。

材料（2人分）

チキンライス（p.67）… 2人分
ベシャメルソース（p.63）… 200g
卵黄… 1個分
パルミジャーノ・レッジャーノ（すりおろす）… 適量

作り方

1 チキンライスをp.67の材料と作り方1～3の通りに作る。

2 ボウルにベシャメルソースと卵黄を入れてよく混ぜる（ⓐ）。

3 グラタン皿に1を入れ、2をかけて（ⓑ）パルミジャーノ・レッジャーノをふり、オーブントースターで焼き色がつくまで5分ほど焼く。

— 神 —
POINT!

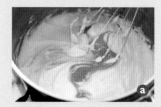

卵黄を加えて濃厚に！
ベシャメルソースに卵黄を混ぜるとコクが出てまろやかになる。

ソースをたっぷりかける
チキンライスとコクを出したソースは相性がよく食べ応えも増す。

パスタからどんぶりまで大満足のワンディッシュ

パスタ、ご飯もの

お店で腕を磨いた得意料理のパスタと
まかないや家族にもよく作るご飯ものから
マジうまなとっておきをピックアップしました。
材料を入れる順番や加熱の仕方を変えるだけでも
いつもの一品がグッとおいしくなりますよ。

リッチな名古屋風ナポリタン

半熟卵焼きを敷いた名古屋風。生のトマトと生クリーム入りの
ケチャップソースがもっちもちのスパゲッティによく絡んで激うまっ！

材料（2人分）

スパゲッティ（2.2㎜）…180g
玉ねぎ…¼個
ピーマン…2個
マッシュルーム…4個
トマト…¼個
ソーセージ…80g
ケチャップ…150g
生クリーム…15g
オリーブオイル…大さじ1
溶き卵…2個分
パルミジャーノ・レッジャーノ
　　…適量

作り方

1 鍋にたっぷりの湯を沸かして湯の1%量の塩（分量外）を入れる。スパゲッティを袋の表示より1分長めにゆで、ざるに上げてそのまま5分ほどおく。

2 玉ねぎとピーマン、マッシュルームは縦5㎜幅に、トマトは1㎝角に切る。ソーセージは斜め薄切りにする。

3 フライパンにオリーブオイルを中火で熱し、2のソーセージを焼き色がつくまで焼き、玉ねぎを加えてしんなりするまで炒めたらピーマン、マッシュルームを加えてざっと炒める。フライパンの端を空けてトマトを入れて焼きつけて（ⓐ）から全体を混ぜながら炒める（ⓑ）。

4 ケチャップを加えて混ぜながら酸味を飛ばすように炒め、1のスパゲッティを手早く和え、生クリームを加えて（ⓒ）全体を混ぜ合わせる。

5 半熟卵焼きを作る。小さいフライパンにオリーブオイル小さじ1（分量外）を中火で熱し、溶き卵半量を流し入れて手早く混ぜる。とろとろの状態になったら器に敷く。同様にもうひとつ作る。

6 5の上に4を盛りつけ、パルミジャーノ・レッジャーノをすりおろす。

神
POINT!

ソーセージの旨みを生かす
最初にソーセージを炒めてから野菜類を加えると、ソーセージの旨みがほかの食材に行き渡る。

生クリームでまろやかに！
仕上げに生クリームを少量加えるだけでケチャップ特有の酸味がマイルドになり、リッチな味わいに。

フレッシュな
トマトで酸味を
加える

大人の肉々しい
ボロネーゼ

ゴロっとしたひき肉をたっぷりの赤ワインで
じっくり煮込んだ芳醇な香りが魅力。
多めに作って冷凍庫にストックするのもおすすめ。

材料（2人分）

パスタ（タリアテッレ）…160g
〈ソース　作りやすい分量〉
　合いびき肉…500g
　塩（ひき肉の重量の1%）
　　…5g
　粗びき黒こしょう…少々
　にんにく（みじん切り）
　　…2かけ分
　玉ねぎ（みじん切り）…2個分
　にんじん（みじん切り）…1本分
　赤ワイン…750㎖
　ローリエ…1枚
　トマトペースト（6倍濃縮）
　　…100g
　オリーブオイル…大さじ2
エクストラバージン・オリーブオイル
　…適量
イタリアンパセリ（みじん切り）
　…適量
パルミジャーノ・レッジャーノ
　…適量

作り方

1　ソースを作る。ボウルに合いびき肉と塩、粗びき黒こしょうを入れてこね、ひとつにまとめる。

2　フライパンにオリーブオイル大さじ1とにんにくを入れて弱火にかける。香りが出るまで炒めたら玉ねぎとにんじんを加えて塩少々（分量外）をふり、火が通るまで10分ほど炒める。

3　鍋を中火で熱して残りのオリーブオイルをひき、1を塊のまま入れて両面に焼き色をつける（ⓐ）。余分な油を拭き取り、2を入れてひき肉をほぐしながら炒め合わせる（ⓑ）。

4　赤ワインとローリエを加えて（ⓒ）フタをし、煮汁が⅔量になるまで30分ほど煮る。

5　トマトペーストを加えて混ぜ、5分ほど煮てなじませればソースは完成。余ったら冷凍保存可能。

6　鍋にたっぷりの湯を沸かして湯の1%量の塩（分量外）を入れ、パスタを袋の表示より1分短い時間でゆでる。

7　フライパンに5を温め、6とゆで汁大さじ1を入れて混ぜ合わせ、エクストラバージン・オリーブオイルを回しかける。器に盛り、イタリアンパセリをちらし、パルミジャーノ・レッジャーノをすりおろす。

POINT!

ひき肉を塊のまま焼いて旨みを引き出す

こねたひき肉は塊のまま表面を焼きつけてからほぐすと旨みが閉じ込められ、食べ応えも出る。

赤ワインを贅沢に使ってレストランの味に！

きのこ香る
ペペロンチーノ

３種のきのこをたっぷり使った
風味豊かでボリューミーなペペロンチーノ。
定番に飽きたらぜひチャレンジしてください！

材料（2人分）

スパゲッティ (1.8mm) … 160 g
しめじ… 1 パック
まいたけ… 1 パック
エリンギ… 1 パック
ベーコン (みじん切り)…20 g
にんにく (みじん切り)… 2 かけ分
赤唐辛子 (種を取って小口切り)
　… 1 本分
オリーブオイル…30㎖
粗びき黒こしょう…少々
パルミジャーノ・レッジャーノ
　…適量

作り方

1　しめじはほぐし、まいたけ、エリンギは食べやすい大きさに手で裂く。

2　鍋にたっぷりの湯を沸かして湯の 1 ％量の塩 (分量外) を入れ、スパゲッティを袋の表示より 1 分短い時間でゆでる。

3　フライパンを強火で熱し、1 のきのこを入れて素焼きし (ⓐ)、かさが⅓量くらいになって焼き色がついたら一度取り出す。

4　同じフライパンにオリーブオイルとにんにく、ベーコン、赤唐辛子を入れ、弱火で香りが出るまでじっくり炒める。

5　4 に 3 と 2 のゆで汁80㎖を加えて (ⓑ) よく混ぜたら、ゆで上がったスパゲッティを加えて手早く和える。

6　器に盛りつけて粗びき黒こしょうをふり、パルミジャーノ・レッジャーノをすりおろす。

神
POINT!

きのこを素焼きして風味アップ
きのこを水分が抜けて⅓量になるまで素焼きすると味がグッと濃くなる。動かさず焼きつけるのがコツ。

きのこを戻し入れて炒め合わせる
一度取り出したきのこは、ペペロンオイルを作ってから最後に戻し入れると食感や香りが生きる。

きのこの
旨みと香りが
倍増！

ぺぺたまパスタ決定版

いろんなレシピがありますが、私的No.1がこちら！
ボウルで湯煎しながら仕上げると卵がダマになりにくく
誰でもとろとろに作れます。

材料（2人分）

スパゲッティーニ(1.6mm)…160g
にんにく(みじん切り)…3かけ分
ベーコン(みじん切り)…30g
赤唐辛子(種を取って小口切り)
　…1本分
卵…2個
しょうゆ…小さじ1
パルミジャーノ・レッジャーノ
　(すりおろす)…大さじ1
オリーブオイル…50ml
イタリアンパセリ(みじん切り)
　…適量

作り方

1　フライパンにオリーブオイルとにんにく、ベーコン、赤唐辛子を入れ弱火にかけ、香りが出るまで10分ほどじっくり炒める。

2　ボウルに卵としょうゆ、パルミジャーノ・レッジャーノを入れてホイッパーでよく混ぜる(ⓐ)。

3　鍋にたっぷりの湯を沸かして湯の1%量の塩(分量外)を入れ、スパゲッティーニを袋の表示より1分短い時間でゆでる。

4　2のボウルに1を入れてよく混ぜ(ⓑ)、ゆで上がったスパゲッティーニとイタリアンパセリを加えて手早く和える。

5　湯を沸かした鍋に4のボウルの底をつけて湯煎しながら混ぜ(ⓒ)、ソースが麺にとろんと絡んだら器に盛る。

POINT!

卵液は先に調味する
卵ソースのパスタは時間が勝負。先にしょうゆとパルミジャーノを加えた卵液を作っておくとスムーズに。

旨みたっぷりのオイルを投入
卵液にペペロンオイルを加えるのがペペたまならでは。これでにんにくがきいたピリ辛とろ〜りソースに。

このとろみで
OK!

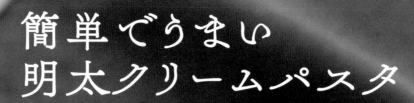

簡単でうまい
明太クリームパスタ

子どもも大人も大好き！ 濃厚な明太クリーム。
後のせ明太子を混ぜるといい感じの半生になり
パスタによく絡みます。

材料（2人分）

スパゲッティーニ(1.6mm)…160 g
明太子(薄皮を除く)…100 g
にんにく(みじん切り)… 1 かけ分
生クリーム…150㎖
オリーブオイル…大さじ 1
レモン汁…小さじ 2
刻みのり…少々

作り方

1 鍋にたっぷりの湯を沸かして湯の 1 ％量の塩(分量外)を入れ、スパゲッティーニを袋の表示通りにゆでる。

2 フライパンにオリーブオイルとにんにくを入れて弱火にかけ、香りが出るまでじっくり炒め、生クリーム、1のゆで汁50㎖、明太子半量とレモン汁を加え(a)、軽く混ぜる。

3 ゆで上がったスパゲッティーニを加えて手早く和える。

4 器に盛りつけて残りの明太子(b)と刻みのりをのせる。

加熱した明太子と
生の明太子のW使いで
深みのある味に!

神
POINT!

レモン汁で明太子の臭みを消す
明太子を加熱する際に、レモン汁を一緒に加えると臭み消しになり、すっきりとした味わいになる。

あさりだしの
本格シーフードカレー

エビとあさりのシンプルな具材でも
あさりだしを加えれば魚介感増し増しのルゥに。
ココナッツミルクと魚介のハーモニーを楽しんで。

材料（4人分）

むきエビ…10尾
片栗粉…小さじ1
塩…少々
あさり（砂抜きをする）…200g
水…100㎖
白ワイン…30㎖
食塩不使用バター…20g
玉ねぎ（縦薄切り）…½個分
A ┃ おろしにんにく…15g
　┃ おろししょうが…15g
B ┃ クミンパウダー…小さじ2
　┃ カレーパウダー…大さじ1
あらごしトマト
　…1パック（400g）
C ┃ ココナッツミルク…150㎖
　┃ はちみつ…小さじ2
オリーブオイル…小さじ1
レモン汁…10g
温かいご飯…適量
イタリアンパセリ…適量

作り方

1 むきエビは背ワタを取り、ボウルに入れて片栗粉と塩をもみ込む。水で洗い流して水けを拭き取る。

2 鍋にあさり、水、白ワインを入れて中火にかけ、フタをしてあさりの口が開くまで2分ほど加熱し、取り出して殻から身を外しておく。残っただしは取っておく。

3 フライパンを中火で熱してバターを溶かし、玉ねぎを入れて塩少々（分量外）をふり、ざっと混ぜてフタをして10分ほど蒸し焼きにする。

4 Aを加えて香りが出るまで炒めたらBを加えてさらに炒める。あらごしトマトを加えて10分ほど煮込み、Cを加えてさらに5分ほど煮込む。

5 別のフライパンにオリーブオイルを中火で熱し、1のエビを入れて両面に焼き色がつくまで焼く。

6 4のフライパンに2のあさりのだしと身（ⓐ）、5のエビを加え（ⓑ）、2分ほど煮てレモン汁を加えて混ぜる。

7 器にご飯を盛り、6をかけてイタリアンパセリを飾る。

POINT!

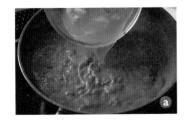

あさりのだしで旨みを補強
コツコツ炒めて煮込んだ香り豊かなベースにあさりだしを加えれば、魚介の風味が増して味わい深くなる。

焼いたエビを最後に加える
エビは煮込むとパサパサになるため、別のフライパンで焼いて最後に加えることでプリッと感をキープ。

赤ワイン香る
ハヤシライス

よく炒めた玉ねぎと牛肉を赤ワインで煮込み、
ルゥなしで本格的な味に仕上げるお手軽レシピです。
最後に加える生クリームでコクもアップ！

材料（3〜4人分）

牛こま切れ肉…200g
塩、こしょう…各少々
薄力粉…大さじ1
にんにく（みじん切り）…1かけ分
玉ねぎ（縦薄切り）…½個分
マッシュルーム（5mm厚さに切る）
　…5個分
赤ワイン…100mℓ
A｜ケチャップ…大さじ2
　｜ウスターソース…大さじ2
B｜水…250mℓ
　｜顆粒コンソメ…小さじ2
生クリーム…大さじ2
サラダ油…小さじ4
〈バターライス　2人分〉
　｜温かいご飯…400g
　｜食塩不使用バター…15g

作り方

1　牛こま切れ肉に塩、こしょうをふって全体に薄力粉をまぶしておく。

2　フライパンにサラダ油小さじ2を中火で熱し、1を入れて粉っぽさがなくなるまでしっかり焼いて一度取り出す。

3　フライパンにサラダ油小さじ2とにんにくを入れて弱火にかけ、じっくり炒めて香りが出てきたら玉ねぎを加え、透き通るまで10分ほど炒める（）。マッシュルームを加えてさらに炒めたら、2の牛肉を戻し入れて赤ワインを加え、汁けがなくなるまで5分ほど煮詰める。

4　Aを加えて酸味を飛ばすように炒めたら、Bを加えて混ぜ合わせる。5分ほど煮て仕上げに生クリームを加えて混ぜ合わせる。

5　ご飯とバターを混ぜてバターライスを作り、器に盛りつけて4をかける。

神
POINT!

玉ねぎを甘くなるまで炒める
玉ねぎが透き通って飴色に近くなるまで弱火でじっくりと炒めて、甘みを引き出す。

高菜入り
ふわパラチャーハン

パラパラ＝パサパサにならないように
卵を入れるタイミングをずらしてふわパラ食感を実現。
さらに刻んだ高菜の旨みがいいアクセントに！

材料（2人分）

温かいご飯…400g
溶き卵(L)…2個分
高菜（みじん切り）…20g
ロースハム（5㎜角に切る）…2枚分
長ねぎ（みじん切り）…½本分
塩、こしょう…各少々
しょうゆ…小さじ2
酒…小さじ2
サラダ油…大さじ2

作り方

1 フライパンにサラダ油を強火で熱し、溶き卵半量を入れて軽く混ぜ、半熟状になったらご飯をのせて上から残りの溶き卵をかける（ⓐ）。フライパンはふらずにヘラでご飯をくずすように手早く混ぜながら炒める（ⓑ）。

2 全体がなじんだら高菜、ロースハム、長ねぎ半量を加え、フライパンをふって炒め合わせる。

3 ご飯がパラッとしたら塩、こしょうで味をととのえ、フライパンの真ん中を空けてしょうゆを加え、香ばしく焼いてから全体を炒め合わせる。

4 仕上げに酒と残りの長ねぎを加え（ⓒ）、さっと混ぜ合わせる。

神
POINT!

卵を2回に分けて加え
ご飯をコーティング
卵半量をふわっと半熟状に焼いてからご飯を投入し、上から残りをかけて混ぜることでふわ＆パラになる。

長ねぎは2回に分けて!
長ねぎは加熱具合で甘みや香り、食感が変わるため、2回に分けて加えて味や食感にリズムをつける。

炭火焼き風
とろぷる親子丼

焼き鳥屋の〆に出てくる親子丼のような香ばしい焼き色がポイント。
誰でもふわとろに作れる卵の入れ方も参考にしてください！

材料（2人分）

鶏もも肉… 1枚(約300g)
塩…少々
玉ねぎ(横薄切り)…½個分
卵(軽くほぐす)… 3個分
サラダ油…小さじ2
A 酒…大さじ2
　 みりん…大さじ2
　 しょうゆ…大さじ2
B 和風だし(顆粒)…小さじ1
　 砂糖…小さじ1
　 水…80ml
温かいご飯…茶碗2杯分
三つ葉(ざく切り)…少々

作り方

1 鶏もも肉は軟骨や筋を取り除き、身に切り込みを入れて厚みを揃える。両面に塩をふり、10分ほどおく。

2 フライパンにサラダ油を中火で熱し、1を皮目を下にして入れて押さえつけながら焼く()。8分ほど焼いて皮にしっかりと焼き目がついたら火を止め、上下を返して1分ほどおき、取り出してひと口大に切る(完全に火が通っていなくてもOK)。

3 同じフライパンに玉ねぎを入れてしんなりするまで炒め、Aと2を加えて2分ほど煮たらBを加える。沸騰したらほぐした卵を6割量ほど回し入れてフタをし、1分蒸し煮にする。

4 フタを取って残りの卵を加えて()火を止め、再度フタをして30秒蒸す。

5 器にご飯を盛り、4をのせて三つ葉をちらす。

卵を2回に分けて加え手軽にふわとろ！

― 神 ―
POINT!

鶏肉は焼き目をつけて香ばしく
皮目をしっかり焼きつけてコクと香ばしさをプラス。後で煮込むのでここでは完全に火を通さなくてOK。

薬味たっぷり牛丼

紅しょうがをはじめ、薬味オールスターをトッピング。
薬味なしでガッツリとした味を楽しんでも。

材料（2人分）

牛こま切れ肉…200g
A　水…100㎖
　　みりん…50㎖
　　しょうゆ…40㎖
　　砂糖…大さじ1
　　和風だし（顆粒）…小さじ½
玉ねぎ（横薄切り）…½個分
しょうが（千切り）…3g
温かいご飯…茶碗2杯分

〈薬味（ⓑ）〉
　大葉（千切り）…3枚分
　みょうが（千切り）…2個分
　紅しょうが…適量
卵黄…2個分

作り方

1　フライパンにAを入れて強火にかけ、沸騰したら玉ね
　　ぎとしょうがを加えて中火にし、玉ねぎがやわらかく
　　なるまで3分ほど煮る。

2　牛こま切れ肉をほぐしながら加え（ⓐ）、色が変わるま
　　で煮てアクを取り、落としブタをして10分ほど煮る。

3　器にご飯を盛りつけて2をのせて煮汁をかけ、薬味と
　　卵黄をのせる。

神
POINT!

玉ねぎと牛肉を一緒に煮る
玉ねぎのたんぱく質を分解する
成分で牛肉をやわらかくする。

薬味たっぷりでさっぱり!
紅しょうがと千切りの大葉、み
ょうがをたっぷりのせて上品に。

PART 4

ちょこっとおかずやスープ、
おつまみも手軽においしい

副菜、おつまみ

SNSで人気のごちそうになるサラダやスープから
ご飯やお酒がすすむ野菜の和え物まで
もう一品ほしいときにささっと作れる絶品副菜です。
簡単な下ごしらえや特製のトッピングやタレで
リピ間違いなしの味を作ります。

香り豊かな
自家製ポテトフライ

≫ 作り方はp.98

自家製マヨネーズの
ポテトサラダ

≫ 作り方はp.99

香り豊かな自家製ポテトフライ

ローズマリーとにんにくの香りをまとわせたレストランのレシピ。
カリカリ＆ホクホクのポテトがたまりません。

材料（作りやすい分量）

じゃがいも…2個
ベーコン…50g
薄力粉…大さじ2
にんにく（皮つきのままバラす）
　　…1個分
ローズマリー…3枝
サラダ油…適量
塩、こしょう…各少々

作り方

1　皮をむいたじゃがいも、ベーコンは、1cm角の棒状に切り、じゃがいもに薄力粉をまぶす。

2　フライパンに1とにんにく、ローズマリーを入れ、食材が半分浸るくらいにサラダ油を注ぎ入れる（ⓐ）。

3　強火で熱して油がグツグツしてきたら中火にし、じゃがいもがカリッとするまで8〜10分ほど揚げる（ⓑ）。途中で2〜3回混ぜる。

4　ざるなどに取って油を切り、塩、こしょうをふる。

神
POINT!

お酒とともに
熱々揚げたてを
どうぞ！

ハーブやにんにくで風味アップ

皮つきのにんにくとローズマリー、ベーコンを一緒に揚げると、じゃがいもに香りが移って風味豊かな味わいに。ワインやビールと相性抜群。

じっくり揚げてホックホクに！

冷たい油からじっくり揚げることで外はカリッと、中はホックホクに仕上がる。ひたひたの油でときどき混ぜながら揚げるのがコツ。

自家製マヨネーズのポテトサラダ

いぶりがっこのスモーキーな香りとポリポリとした食感がアクセントに。
ひと味違う手作りマヨネーズで全体をおいしくまとめます。

材料（作りやすい分量）

じゃがいも … 2 個
塩 … 少々
粗びき黒こしょう … 少々
きゅうり … 1/3 本
ロースハム … 2 枚
いぶりがっこ … 30 g
自家製マヨネーズ(下記参照) … 60 g
粒マスタード … 小さじ 1

自家製マヨネーズ

材料（作りやすい分量）

オリーブオイル … 120 g
A | 卵黄 … 1 個分
　 | りんご酢 … 大さじ 1
　 | はちみつ … 小さじ 1
　 | 粉チーズ … 大さじ 1
　 | ディジョンマスタード … 小さじ 1

作り方

Aを容器に入れ、ブレンダー、また
はミキサーで攪拌する。オリーブオ
イルを少しずつ加えながら攪拌し、
全体がなじめば完成。冷蔵で3〜4
日保存可能。

作り方

1 鍋にじゃがいもとじゃがいもがかぶるくらいの
水、水の1%量の塩(分量外)を入れて中火にかけ、
じゃがいもにスッと竹串が通るまでゆでる。水け
をきって皮をむき、ボウルに入れてマッシャーで
つぶし、塩、粗びき黒こしょうをふる。

2 きゅうりは薄い輪切りにして塩少々(分量外)
をふり、10分ほどおいて水けをぎゅっと絞る。ロー
スハムは2cm角に切り、いぶりがっこは5mm角
に切る。

3 1のボウルに自家製マヨネーズ、粒マスタードを
加えてよく混ぜてから2を加え、全体がなじむよ
うに和える(ⓐ)。

4 器に盛りつけて粗びき黒こしょう適量(分量外)を
ふる。

神
POINT!

自家製マヨネーズでワンランクアップ
りんご酢のまろやかな酸味、はちみつと粉チーズのコ
ク、そしてディジョンマスタードの上品な辛みをきかせ
て、お店のようなおしゃれな味に。

お手製クルトンの
シーザーサラダ

カリカリ、シャキシャキ、クリーミーが絶妙なバランス。
手作りのクルトンはボリュームがあって主役になるサラダです。

材料（2人分）

サニーレタス… 3枚
ベビーリーフ… 1パック
グリーンアスパラガス… 2本
オリーブオイル…小さじ1
〈クルトン〉
　ベーコン…50g
　食パン(8枚切り)… 1枚
　オリーブオイル…大さじ3
〈ドレッシング〉
　マヨネーズ(p.99自家製
　マヨネーズでもOK)…50g
　パルミジャーノ・レッジャーノ
　(すりおろす)…10g
　にんにく…⅙かけ
　アンチョビフィレ… 1枚
　水…大さじ1
　粗びき黒こしょう…少々
温泉卵… 1個
パルミジャーノ・レッジャーノ
　(すりおろす)…少々
粗びき黒こしょう…少々

作り方

1　サニーレタスは食べやすい大きさにちぎり、ベビーリーフとともに冷水につけ、パリッとしたら水けをきっておく。

2　グリーンアスパラガスははかまを取って半分に切り、オリーブオイルを熱したフライパンでソテーする。

3　クルトンを作る。ベーコンと食パンは1cm角に切り、オリーブオイルを入れたフライパンに加えて弱火にかける。パンがきつね色になるまで10分ほど揚げ焼きにして（ⓐ）油をきる。

4　ドレッシングを作る。材料をブレンダー、またはミキサーで攪拌する（ⓑ）。

5　器に1、2を盛りつけて4をかけ、3と温泉卵をトッピングし、パルミジャーノ・レッジャーノと粗びき黒こしょうをふる。

POINT!

旨みたっぷりクルトンでお店の味
食パンをベーコンと一緒にオリーブオイルでじっくり揚げ焼きにして、ベーコンの旨みと香りを移す。

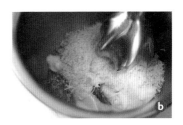

濃厚ドレッシングを手軽に
材料は多めだけれどブレンダーで攪拌するだけなのでとっても簡単。アンチョビ1枚で本格的な味になる。

フルーティーな
サーモンのカルパッチョ

オレンジを余すことなく使って彩り鮮やかに。
ワインと一緒に楽しめるおしゃれなひと皿です。

たこと彩り野菜のマリネサラダ

千切り野菜をたっぷり使った食べ応えのあるマリネ。
ひと晩しっかり漬け込んでもおいしいですよ。

材料（2人分）

サーモン（刺身用・さく）…150g
塩…少々
ミニトマト…2個
黄パプリカ…⅛個
オレンジ…½個
ディル（ざく切り）…少々
〈ドレッシング〉
　エクストラバージン・オリーブオイル
　　…大さじ2
　白ワインビネガー…大さじ1
　しょうゆ…小さじ1
　きび砂糖…小さじ½
　オレンジ果汁…大さじ1

作り方

1　サーモンは薄切りにして塩をふり（）、10分ほどおいて出てきた水けを拭き取る。

2　オレンジは薄皮に沿って包丁を入れ、果肉を取り出して1cm角に切り、残った部分をぎゅっと搾って果汁を取る（ⓑ）。ミニトマトは4等分に、パプリカは5mm角に切る。

3　ドレッシングの材料を混ぜておく。

4　器に1を並べて2のオレンジの果肉、ミニトマト、パプリカを全体にちらし、3をかけてディルをちらす。

サーモンの旨みを引き出す
塩で余分な水分を除くと旨みが凝縮してねっとりとした食感に。

オレンジの果汁も使いきる
果肉を取り出した皮の部分を搾り、果汁をドレッシングに。

材料（2人分）

ゆでだこ…100g
にんじん…⅓本
きゅうり…½本
塩…少々
紫玉ねぎ…½個
〈マリネ液〉
　エクストラバージン・オリーブオイル
　　…大さじ2
　白ワインビネガー…大さじ1
　はちみつ…小さじ2
　粒マスタード…小さじ1
ディル（ざく切り）…少々
レモン（くし形切り）…⅛個分

作り方

1　ゆでだこは3mm厚さの薄切りにする。

2　にんじんときゅうりは千切りにして塩をふり、10分ほどおいて水けをぎゅっと絞る（ⓐ）。紫玉ねぎは薄切りにして10分ほど水にさらし、水けをしっかりと拭き取る。

3　ボウルにマリネ液の材料を入れてよく混ぜ、1と2、ディルを入れて和え、30分ほどおく。

4　器に盛り、レモンを添える。

野菜を脱水させて味を入れる
塩で余分な水分を除くとマリネ液がしっかり入って味がきまる。

王道のオニオングラタンスープ

ていねいに炒めた飴色玉ねぎさえ作れば、あとは簡単！
こっくりとした本格的な味わいになりますよ。

じゃがいもの
なめらかポタージュ

焼き色をつけずに炒めて
美しい白いスープに。
じゃがいもと玉ねぎの甘みを
楽しむやさしい味です。

材料（2人分）

玉ねぎ（縦半分に切って横薄切り）… 2個分
塩…小さじ1
赤ワイン…大さじ2
水…500ml
顆粒コンソメ…小さじ2
ピザ用チーズ.…適量
バゲット… 2切れ
オリーブオイル…大さじ1
パセリ（みじん切り）…少々

作り方

1 鍋にオリーブオイルを中火で熱し、玉ねぎを入れて塩をふり、飴色になるまで15分ほど炒める（ⓐ）。

2 赤ワインを加え（ⓑ）、汁けがなくなるまで3分ほど炒めたら、水とコンソメを加えて沸騰させる。

3 2の玉ねぎを耐熱容器の半分くらいまで入れてバゲットをのせ、上からスープをかけてピザ用チーズをたっぷりのせる。

4 オーブントースターでチーズがこんがりするまで5分ほど焼いて取り出し、パセリをちらす。

神 POINT!

飴色玉ねぎでコクを出す
飴色玉ねぎは旨みの素。水分を飛ばしながらていねいに炒める。

赤ワインの風味でリッチに
隠し味で赤ワインを加えると風味がつき、一気にプロの味に！

材料（作りやすい分量）

じゃがいも…300g
玉ねぎ…300g
塩…少々
水…500ml
顆粒コンソメ…小さじ1
生クリーム…100ml
オリーブオイル…大さじ2
〈クルトン〉
　食パン（8枚切り）… 1枚
　食塩不使用バター…20g

作り方

1 じゃがいもは皮をむいて5mm幅のいちょう切りに、玉ねぎを縦半分に切ってから横薄切りにする。

2 フライパンにオリーブオイルを中火で熱し、1を入れて塩をふり、弱火でじゃがいもがやわらかくなるまで炒める（ⓐ）。水を加えて沸騰したら弱火にし、20分ほど煮る。

3 2をブレンダー、またはミキサーで攪拌し、鍋に移してコンソメと生クリームを加えて温める。

4 クルトンを作る。食パンは1cm角に切る。フライパンにバターとともに入れて中火にかけ、全面がきつね色になるまで8分ほど焼く。

5 3を器に盛りつけて4をのせる。

神 POINT!

焼き色をつけず弱火でじっくり
玉ねぎとじゃがいもを弱火でじっくり炒めて甘みを引き出す。

ご飯のおともやおつまみに
最強ナムル2種

大定番のほうれん草とにんじんですが、
それぞれの食材に合う調味液の配合で抜群においしく作れます！

ほうれん草のナムル

材料（作りやすい分量）

ほうれん草… 2束
長ねぎの白い部分（みじん切り）… ⅓本分
A ┃ ごま油…大さじ1
┃ しょうゆ…大さじ1
┃ きび砂糖…小さじ1
┃ おろしにんにく…小さじ½
┃ 白すりごま…大さじ1
┃ 白いりごま…大さじ1

作り方

1 鍋に湯を沸かして湯の1%量の塩（分量外）を入れ、ほうれん草の茎の部分を入れて30秒ゆでてから葉先まで入れて30秒ゆでる（ⓐ）。冷水に浸けて冷まし、ひと口大に切って水けをしっかりと絞る。

2 ボウルにAと1、長ねぎを入れてよく和える（ⓑ）。

POINT!

ほうれん草は2段階でゆでる
かたい根元と茎を入れてから全体を沈め、ゆで上がりを揃える。

長ねぎで風味を加える
みじん切りにした長ねぎを薬味として使ってアクセントに。

にんじんナムル

材料（作りやすい分量）

にんじん… 2本（300g）
塩…小さじ½
A ┃ ごま油…大さじ1
┃ 白すりごま…大さじ1
┃ おろしにんにく…小さじ½
┃ 白だし…小さじ2

作り方

1 にんじんは千切りにして塩をふり、もみ込んで10分ほどおき、水けをしっかりと絞る（ⓐ）。

2 ボウルにAを入れてよく混ぜ合わせ、1を加えてよく和える。

POINT!

にんじんをしっかり脱水
塩をもみ込んで水分を抜くと味がしっかり入ってボヤけない。

やべぇうまい！
やみつき無限シリーズ

絶品ダレで和えるだけのスピード調理で
ひとつの野菜がご飯にもお酒にも合う立派な副菜になります！

無限ねぎ

≫ 作り方はp.110

無限キャベツ

≫ 作り方はp.110

無限もやし

≫作り方はp.111

無限きゅうり

≫作り方はp.111

無限にら

≫作り方はp.111

やみつき無限シリーズは2ステップで完成!

1 野菜がおいしくなる
  下ごしらえをする

2 それぞれの食材に合う
  タレを和える

無限ねぎ　唐揚げやラーメンのトッピングにもイケる!

材料（作りやすい分量）

長ねぎの白い部分… 2本分
A｜ごま油…大さじ1
　｜しょうゆ…小さじ1
　｜おろしにんにく…小さじ½
　｜鶏がらスープの素…小さじ½
　｜塩昆布…10g
　｜白いりごま…適量
　｜粗びき黒こしょう…少々

作り方

1 長ねぎは薄い斜め切りにする（ⓐ）。

2 ボウルにAを混ぜ合わせ、1を加えてよく和える。韓国のりで巻いたり、焼き肉や唐揚げ、ラーメンのトッピングにしても。

神 POINT!

ねぎを薄切りにして風味を出す

斜め薄切りにすることで香りと辛みが出やすくなり風味が増す。

無限キャベツ　ピリ辛ごま風味であと引くおいしさ!

材料（作りやすい分量）

キャベツ…¼個
A｜ごま油…大さじ1
　｜しょうゆ…大さじ1
　｜おろしにんにく…小さじ½
　｜豆板醤…小さじ1
　｜コチュジャン…小さじ1
　｜白いりごま…適量

作り方

1 キャベツはひと口大のざく切りにして、手でもむ（ⓐ）。

2 ボウルにAを混ぜ合わせ、1を加えてよく和える。

神 POINT!

キャベツを手でもむ

手でぎゅっともんで繊維を壊すことで味が入りやすくなる。

無限もやし

熱いうちにタレを混ぜるだけでおいしくなる!

材料(作りやすい分量)

もやし… 2パック
A | しょうゆ…大さじ2
　 | ごま油…大さじ1
　 | きび砂糖…小さじ1
　 | 鶏がらスープの素…小さじ1
　 | コチュジャン…小さじ1
　 | 白すりごま…大さじ1
　 | おろしにんにく…小さじ½

作り方

1 鍋にもやしを入れてたっぷりの水を注いで火にかける(ⓐ)。沸騰したら軽くかき混ぜてざるに上げ、水けをきる。

2 ボウルにAを混ぜ合わせ、1が熱いうちに加えてよく和える。冷蔵で3日ほど保存可能。

神
POINT!

水からゆでてシャッキシャキ

もやしを水からゆでるとシャキシャキ食感になり、水っぽくならない。

無限きゅうり

塩昆布がだし代わりになってご飯がすすむ!

材料(作りやすい分量)

きゅうり… 2本
大葉(細切り)… 2枚
A | ごま油…大さじ1
　 | しょうゆ…小さじ2
　 | 豆板醤…小さじ1
　 | 塩昆布…10g
　 | 白いりごま…適量

作り方

1 きゅうりは縦半分に切り、スプーンで種とワタを取ってポキポキと折る(ⓐ)。

2 ボウルにAを混ぜ合わせ、1と大葉を加えてよく和える。すぐに食べられるが半日ほどおくとよりおいしい。

きゅうりの種を取り水け防止

種とワタを取ると水分が出にくくなり、味がボケずにきまる。

無限にら

卵かけご飯やラーメンの味変におすすめ!

材料(作りやすい分量)

にら… 1束
A | ごま油…小さじ2
　 | しょうゆ…小さじ1
　 | めんつゆ(2倍濃縮)…小さじ1
　 | 豆板醤…小さじ1
　 | 鶏がらスープの素…小さじ1
　 | きび砂糖…小さじ½
　 | 白いりごま…適量

作り方

1 にらは3cm幅に切る。

2 ボウルにAを混ぜ合わせて1を加えてよく和え、表面をラップで覆って冷蔵庫に半日ほどおいて味をなじませる(ⓐ)。

ニラはしっかり漬け込む

表面をラップで覆ってしっかり漬け込むと生っぽさが消える。

森シェフ

愛知県在住。名古屋の有名洋食店やイタリアン、ビストロで経験を積んだのち和食店の新規開業を担う。4店舗の統括料理長に就任し、数々の人気メニューを生む。YouTubeチャンネルを開設し、「おうちで作るプロの味」をコンセプトに本当においしく作れるレシピを紹介し話題に。SNS総フォロワー数100万人を突破。2022年に独立し「森シェフ商店」を立ち上げてオリジナル調味料の開発をスタート。本書が初の著書となる。

Instagram　@pasta.mori
YouTube　森シェフ
Twitter　@yohtaro007

おうちごはんの神
毎日の料理を感動レベルに変えちゃうプロのコツ

2023年2月22日　初版発行
2023年4月25日　3版発行

著者／森シェフ

発行者／山下 直久

発行／株式会社KADOKAWA
〒102-8177　東京都千代田区富士見2-13-3
電話　0570-002-301(ナビダイヤル)

印刷所／図書印刷株式会社